HISTOIRE D'UNE MONTRE

RACONTÉE PAR ELLE-MÊME

SA VIE ET SES PÉRIPÉTIES

SUIVIE D'UN

DIALOGUE SUR L'HORLOGERIE

entre Monsieur Trotteminute et Monsieur Vabien

PAR

BORSENDORFF

HORLOGER

Prix : 1 franc

À PARIS

CHEZ L'AUTEUR, 1, RUE DE VANNES

MARTINON, ÉDITEUR — LEFEVRE, LIBRAIRE

rue J.-J. Rousseau — rue Diderot, 8

1869

HISTOIRE D'UNE MONTRE

RACONTÉE PAR ELLE-MÊME

SA VIE ET SES PÉRIPÉTIES

SUIVIE DE

MONSIEUR TROTTEVITE ET MONSIEUR VABIEN

DIALOGUE SUR L'HORLOGERIE

PARIS. — TYP. ÉMILE VOITELAIN ET Cie
61, RUE J.-J.-ROUSSEAU, 61

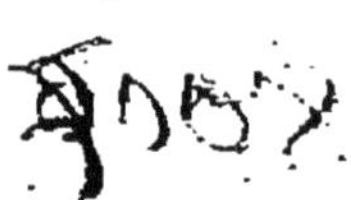

A PROPOS DE CHRONOMÉTRIE

HISTOIRE
D'UNE MONTRE

RACONTÉE PAR ELLE-MÊME

SA VIE ET SES PÉRIPÉTIES

SUIVIE D'UN

DIALOGUE SUR L'HORLOGERIE

entre Monsieur Trotterite et Monsieur Vabien

PAR

BORSENDORFF

HORLOGER

Prix : 1 Franc

A PARIS

CHEZ L'AUTEUR, 1, RUE DE VANNES

MARTINON, ÉDITEUR | LEFÈVRE, LIBRAIRE
14, RUE J.-J. ROUSSEAU | RUE DUPHOT, 8

1869

Au Lecteur

Cette histoire a déjà été publiée une première fois dans l'Annuaire intitulé : La Loupe de l'Horloger ; *mais alors elle avait paru dans ce recueil en fragments détachés et à d'assez longs intervalles.*

C'est sans doute à cela, plutôt qu'au mérite de l'œuvre, que l'auteur doit les nombreuses demandes qui lui ont été adressées par ses collègues, de publier cette petite historiette en son entier, ainsi que le Dialogue sur l'Horlogerie entre M. Trottevite et M. Vabien.

On comprend qu'il nous eût été assez difficile de ne pas céder à un témoignage aussi sympathique.

Tel est donc le motif qui explique, sinon

excuse, l'apparition de ce nouvel Épiménides.

Reste à savoir quelle contenance va faire notre pauvre montre en paraissant aujourd'hui aussi inopinément devant le public.

Nous la savons bien quelque peu philosophe,—quoique timide,—mais c'est justement à cause de sa philosophie qu'elle eût peut-être mieux fait de rester où elle était.

Assurément, c'eût été plus sage.

Nous laissons donc toute la responsabilité de cette publication à ceux de nos confrères qui croient que le public en général et les horlogers en particulier trouveront quelque intérêt à lire ce petit livre.

Nous le souhaitons bien sincèrement pour l'éditeur.

BORSENDORFF.

Octobre 1869.

HISTOIRE

D'UNE MONTRE

Sur le cadran mobile essayons d'épier
Le furtif mouvement de l'aiguille d'acier;
Mais l'heure au pied discret, rasant l'émail fragile,
Mesure notre vie et paraît immobile.

ED. ALLEZ.

. . . .
Telle est la montre qui chemine
A pas toujours égaux, aveugle et sans dessein.
Ouvrez-là, lisez dans son sein.

LAFONTAINE.

CHAPITRE PREMIER

Genève, l'ouvrier horloger, le comptoir d'horlogerie. — La douane. — Mon arrivée à Paris, l'hôtel de la Monnaie, le marchand d'horlogerie en gros. — Le Palais-Royal. — Mon repassage et mon premier baptême. — Mon entrée dans le monde. — Ma première maîtresse.

Une montre raconter son histoire, me dira-t-on, quelle présomption, quelle forfanterie. Et pourquoi pas?

N'ai-je pas eu, moi aussi, comme toutes les choses d'ici-bas que fustige le temps, ma vie éphémère, mon existence, mes péripéties.

Pourquoi donc pauvre oubliée de ce monde, quand j'ai vu mon passé s'effeuiller jour par jour, comme une fleur à son déclin, n'aurais-je pas aussi la consolation de le retracer à mon souvenir, ainsi qu'on aime à se rappeler d'un songe qui vient de s'évanouir?

La vie n'est pas autre chose. Je cède donc à un désir bien inoffensif et bien pardonnable à une nature aussi frêle que la mienne.

Non, lecteur, je ne suis ni fanfaronne ni prétentieuse; je suis Suissesse. Je reçus le jour dans la ville libre de Genève, sur les bords d'un des plus beaux lacs du monde dont les eaux limpides et pures baignent aujourd'hui le pied de la statue élevée au grand Rousseau, — le fils d'un horloger.

Je fus, si je puis m'exprimer ainsi, le premier enfant d'un jeune artiste genèvois duquel je tairai le nom, de crainte que le sort de sa fille infortunée ne lui fasse verser des larmes. Seulement je dois rendre hommage à sa rare habileté en horlogerie, en rappelant ici les nombreuses félicitations qui m'ont été adressées, et qui, par le fait, n'appartiennent qu'à lui.

Ma taille, à la fois plate et arrondie, mignonne et bien prise, coquette et sévère, avait vingt millimètres de diamètre.

Une denture magnifique, et que j'avais bien garde de cacher, attestait la bonne conformation de mes organes délicats, dont la parfaite harmonie et le jeu régulier semblait devoir m'assurer une existence séculaire, si la main inhabile d'un de ces horlogers malencontreux auxquels, — pauvres victimes, — on nous confie trop souvent, n'avait porté le trouble dans mon mécanisme en m'estropiant, pour toujours, d'un de ces coups de tournevis cruels et maladroits. — Mais laissons là ce pénible souvenir qui ne reviendra que trop tôt.

Il me semble encore être dans la petite chambre proprette sur l'établi en chêne ciré du jeune artiste qui me tira du néant ; au jour où, pour la première fois donnant signe de vie, il m'apprit à marcher seule et avec régularité.

A mon premier coup de balancier, quelle joie rayonna sur son visage. Non, le premier souffle d'un enfant nouveau-né ne fait pas plus de plaisir à son père, on n'épie pas avec plus de silence et d'attention les premiers battements de son cœur, qu'il écouta le rhythme régulier de mes premières oscillations.

De quelles précautions, de quels soins empressés chacun m'entourait pour ne rien défleurer ni ternir du velouté de ma dorure ni de l'éclat de mes aciers.

Moi qui, quelques jours auparavant, n'étais qu'un morceau informe de laiton mis au rebut, que l'on ne touchait qu'avec crainte et dégoût; moi qui, comme tant d'autres molécules mes sœurs, aurait pu sous la forme d'un hideux chaudron me consumer un jour au feu d'une noire cuisine et périr lentement sous le grès destructeur de quelques marmitons, on avait fait de moi un objet d'art excitant l'admiration; enfin j'étais montre, et bientôt le czar des métaux allait s'incliner devant moi, et se façonner pour me recevoir dignement.

Aussi il fallait voir avec quelle fierté je

fendais l'air en faisant vibrer mon balancier doré, présentant tour à tour les deux lèvres arrondies de mon cylindre aux caresses successives de chacune des dents inclinées et polies de la roue d'acier la plus délicate de mon mécanisme, dont je me plaisais à suspendre ainsi la marche, durant un cinquième de seconde à chaque vibration.

Avec quel bonheur je roulais librement dans mes trous en magnifiques rubis roses, tous les pivots durs et polis de mes axes d'acier aux ailes éclatantes, ornés de profondes creusures, et tous menés lentement par mes roues dentelées et légères, accomplissant chacune, dans un même temps donné, les mêmes révolutions; tandis que mes aiguilles fugitives marquaient, en glissant sur l'émail de mon cadran, l'heure qui s'écoule, la minute qui passe et la seconde qui fuit.

C'était en 1831... vers les premiers jours du mois qui reverdit nos prairies et fait renaître les premières fleurs.

A peine mes aiguilles vigilantes, en marquant chaque aurore, avaient-elles pu compter douze levers du soleil, qu'à l'aube suivante, mise captive sous les plis d'un papier soyeux, on m'enlevait pour toujours de l'établi natal, pour me livrer au comptoir du négociant de Genève auquel j'étais destinée.

Là, comme une esclave qu'on achète, comme un vendu qui se livre, je subis une visite vexatoire pour une montre de ma qualité. — Mais je fus vengée. A la première vue de mes formes si délicates, j'eus le plaisir de voir mon sévère investigateur se transformer aussitôt en admirateur empressé, j'entendis même les félicitations encourageantes dont il combla l'humble artiste auquel j'avais coûté tant de labeurs et qui ne devait plus me revoir.

Quelques instants après, on me revêtit d'une magnifique robe d'or, faite exprès pour ma taille, vrai chef-d'œuvre de ciselure et de gravure, et sur laquelle étincelaient, sur le fond bleu d'un magnifique émail, les mille facettes d'un riche groupe de diamants. Cette dernière et brillante parure, dessinant le contour de ma taille, tout en laissant mes mouvements libres, faisait enfin de moi une montre achevée, et me mettait désormais au premier rang des bijoux de luxe.

J'étais fière comme une jeune fille qui se voit parée pour la première fois et se croit la plus belle du monde. L'orgueil s'empara de moi, je me voyais déjà suspendue à la taille d'une jeune et brillante duchesse et me balançant négligemment dans les plis de satin de quelque robe de cour. Je me voyais fêtée, recherchée, admirée, convoitée, courant les salons, les boudoirs, que sais-je? quand, d'un seul coup, je vis s'évanouir toutes ces belles espérances.

Mon nouveau propriétaire, après m'avoir donné un numéro matricule qu'il coucha sur un grand livre, me mit froidement dans le sombre tiroir d'un de ses casiers où je me trouvai ainsi pêle-mêle avec toutes sortes de montres qui étaient là renfermées, muettes et silencieuses.

Au milieu du morne silence de cette prison, le bruit de mon échappement se fit seul entendre pendant quelques heures comme un cri plaintif. J'épuisai ainsi le peu de force disponible qui restait à mon ressort. Puis à mon tour je devins aussi muette que mes compagnes ; car une fois enregistrées, comptées et que la porte de son coffre de fer était fermée, notre geôlier ne prenait plus aucun soin de nous.

Alors à mes rêves dorés de la minute précédente, succédèrent bientôt les plus sombres réflexions.

Je me pris à maudire la fortune, à regretter mon humble établi en chêne et le modeste abri de la cloche en silice sous laquelle, libre et au grand jour, j'étais encore la veille l'objet de si douces attentions.

En voyant mon abandon, je pensais à la main bienveillante et habile dont les soins quotidiens entretenaient sans cesse mon mécanisme dans un état de mouvement qui faisait ma vie, ma joie et ma gloire.

Qu'allais-je devenir?...

Combien allait durer ma captivité?...

Quinze jours se passèrent ainsi, quand un matin, mes compagnes et moi nous fûmes enfin retirées de notre prison et placées en rang sur le spacieux comptoir de notre négociant. Le livre d'écrou était ouvert, on copia nos numéros matricules et notre signalement sur une facture qui devait être notre feuille de route. Mais notre sort n'était point changé, — on nous transférait d'une prison dans une autre.

Plusieurs affreux cartons à six et à douze compartiments nous attendaient, comme autant de prisons mobiles, où chacune de nous fut mise indistinctement dans une cellule séparée. Puis, empaquetées, ficelées, cachetées, et ayant à chacun de nos cartons, — comme passe-port, — la marque en plomb de la douane, on nous dirigea sur Paris.

C'est ainsi, pauvre infortunée, que je fus enlevée de ma ville natale, sans voir une dernière fois son ciel se refléter dans les ondes pures et limpides de son lac majestueux; sans même qu'un rayon de soleil pût parvenir jusqu'à moi pendant toute la route de Genève à Paris, où j'arrivai à la troisième aube, comme un colis vulgaire, à l'adresse d'un marchand de montres en gros.

Aussitôt notre réception, notre destinataire rompit nos attaches et nous délivra de nos enveloppes liberticides, mais ce ne fut que pour nous transporter rue Guénégaud, à l'Hôtel de la Monnaie, où chacune de nous eut à subir, au bureau de la garantie, un examen du titre du métal de sa boîte; puis enfin, le fer d'un marteau meurtrier nous mit à chacune l'empreinte d'un poinçon appelé : *Contrôle.*

Moi, qui m'étais crue une création artistique, je me vis obligée de subir la marque et de payer mon entrée à la douane comme un vil bétail.

Dès lors, j'eus le pressentiment de ma destinée.

En effet, de retour chez notre destinataire, le marchand de Paris, comme celui de Genève, devait être aussi un geôlier. Il préluda à notre réception ainsi que l'autre avait fait pour notre départ; même inspection, livre d'écrou, numéro matricule, puis, enfin, encore l'éternel tiroir d'un casier à porte de fer s'ouvrit pour nous recevoir une seconde fois et se refermer presque aussitôt.

C'en était fait, je me voyais vouée à la captivité et à l'oubli; cependant, je me trompais, — le malheur rend injuste et égare parfois la raison. — Car le surlendemain je fus l'objet d'un privilége inattendu. On me retira avec soin de mon tiroir pour me déposer dans un écrin mollement doublé de satin rose, en compagnie de plusieurs charmantes montres, dans lequel on nous transporta chez un horloger en renom du Palais-Royal.

Là, après le tour de clef de rigueur donné à chacune de nous, et un examen à travers la loupe obligatoire, je fus choisie par l'horloger.

Quelques jours après, on me confia à un ouvrier de la maison, homme fort habile dans son art qui, après m'avoir dépouillée de mon riche vêtement, procéda à la visite minutieuse de mon mécanisme, qu'il démonta entièrement.

Je me sentis d'abord un peu outragée de cette façon d'agir envers moi ; mais il paraît que MM. les horlogers de Paris ont l'habitude d'en user ainsi avec toutes les montres : c'est ce qu'ils appellent le *repassage*. — Il fallut me résigner...

Je fus donc repassée.

Du reste, je n'eus qu'à me louer de l'opération et des procédés délicats avec lesquels je fus traitée. Seulement je fus fort surprise, lorsqu'on me revêtit de ma toilette, de voir gravé sur ma cuvette d'or le nom : Leroy, à Paris.

On m'avait baptisée du nom de mon nouveau propriétaire.

Je fus très-sensible à cette supercherie, qui blessait singulièrement mon amour filial, car, en me dénaturalisant ainsi, on me ravissait jusqu'à l'humble nom de mon père.

Voilà comment je devins une montre de Leroy.

A dater de ce jour commença pour moi une nouvelle existence.

Je parlerai peu du séjour plus ou moins long que je fis au Palais-Royal dans le magasin luxueux de la galerie de Valois, où, placée sur la glace d'une riche vitrine, je trônais immobile au milieu d'une quantité de mes compagnes rangées symétriquement, attirant ainsi chaque jour, par notre nombre et nos variétés, les regards d'une multitude de passants qui s'arrêtaient sans cesse devant notre étalage, s'extasiant, bâillant ou flânant et exprimant tour à tour leurs sentiments divers de convoitise ou de curiosité, de surprise ou d'admiration, par mille exclamations et mille jeux de physionomie dignes du crayon de Charlet.

Durant ce séjour, souvent je sortais de ma vitrine pour passer dans la main blanche de plus d'une charmante créature dont le seul contact des jolis doigts me faisait tressaillir. Bien des fois dans ces courts instants où je passais ainsi de mains en mains, saisie d'une douce et secrète agitation, j'arrêtais tout bas mon choix sur la maîtresse à laquelle j'aspirais appartenir; puis, au moment où je croyais être à elle, c'en était fait, le marchand articulait le chiffre fatal de *trente louis*, — et les ingrates me délaissaient presqu'aussitôt.

Leur amour pour moi, qui me serais vouée tout entière à elles pour compter chaque minute de leur existence, s'arrêtait à un peu d'or.

Alors, pauvre humiliée, je retournais de nouveau à mon étalage reprendre dans la vitrine ma place habituelle.

Enfin un certain soir, un couple, jeune et fort élégant, accompagné d'un personnage âgé, entra dans le magasin.

La vitrine s'ouvrit, plusieurs de mes compagnes furent retirées et montrées tour à tour, puis, comme d'habitude, vint aussi le mien.

A peine étais-je déposée sur la serge verte du comptoir, que le jeune cavalier, qui jusqu'alors était resté spectateur muet, s'empresse gracieusement de me désigner en me présentant à sa jeune compagne.

Celle-ci, en m'apercevant, s'écrie aussitôt avec une grâce presqu'enfantine et qui lui allait à merveille : Oh! le petit amour de montre!... me tourne et retourne dans ses jolis doigts, m'approche et m'éloigne de sa taille ravissante, ne cessant durant ce petit manége de me caresser de ses deux beaux yeux, puis ajoute, en me montrant au vieillard qui était avec eux : Voyez donc, mon père, comme elle est gentille!...

Depuis mes déceptions précédentes, j'étais en garde contre toutes ces marques de tendresse fugitives dont je connaissais la valeur, et j'avais, Dieu merci, perdu enfin ma sensiblerie coutumière à l'endroit des chalandes, — quoique celle-ci fût ravissante.

Aussi, cette fois, m'inquiétais-je fort peu de

la réponse du père. Quand celui-ci, après avoir rendu hommage à ma gentillesse, comme bijou, ajouta que ce serait folie de me choisir, qu'une montre aussi petite ne pouvait jamais bien marcher, ni donner l'heure.

A ces paroles, qui avaient un moment désappointé ma belle admiratrice, je me sentis blessée au vif.

L'horloger prit mon parti, et grâce à un tour de clef secourable, je fus à même de venger cet outrage à ma dignité, en prouvant à mon détracteur, par ma marche hardie, et qui eût défié celle d'un chronomètre de nos plus grands maîtres, combien un tel jugement contre moi était hasardé.

Devant une raison aussi péremptoire et un de ces regards de femme que notre belle acheteuse arrêta sur son père et sur le jeune homme qui prit aussitôt part à ma défense, mon procès fut gagné.

Un instant après, mise avec soin dans un bel écrin, j'étais en la possession de ma nouvelle propriétaire. Désormais mes aiguilles impatientes cessaient leur repos pour marquer l'heure de ma délivrance et suivre de leur pas vigilant la marche immuable du temps.

Je quittai enfin le magasin de la galerie Valois.

CHAPITRE II

La famille Dumonin, mademoiselle Laure, la corbeille de mariage. — Les fiançailles, la mairie, le bal, la chambre nuptiale. — Le comte et la comtesse de Norza, la rue Taibout. — La tendresse maternelle funeste aux montres. — Ma première chute. — Le vol.

Ma nouvelle propriétaire se nommait Laure. C'était une jeune fille de dix-huit ans, bien faite, alerte, vive, frémissante, aux cheveux noirs, longs et fournis, aux yeux d'azur ombragés de longs cils d'ébène, au teint virginal, et dont la bouche vermeille et souriante, laissant entrevoir deux rangées de perles éclatantes de blancheur, donnait à sa physionomie un je ne sais quoi de doux et de suave, tout à la fois candide et voluptueux.

Fille unique, elle demeurait avec son père et sa mère, qui habitaient, dans la rue du Bac, le premier étage d'une magnifique maison.

M. Dumonin (c'était le nom du père de

Laure) était un riche négociant retiré, qui devait, disait-on, sa brillante fortune à des opérations hardies qu'il avait faites dans le commerce des laines.

On comprendra que je passe sous silence le nombre de moutons tondus pour une si grande fortune, les détails d'intérieur ou les secrets que mon admission au foyer domestique de cette famille a pu me révéler. — Je m'en tiens à mon histoire.

D'ailleurs je suis montre, et les montres ne sont pas indiscrètes, — que nos propriétaires se tranquillisent.

Le jour de mon entrée dans la famille Dumonin, je fus la bienvenue. Les petites préventions que le papa avait montrées à mon égard au magasin de l'horloger, s'étaient entièrement dissipées sous un baiser gracieux de sa fille, dont j'étais maintenant le bijou chéri. Mme Dumonin, excellente mère, qui idolâtrait son enfant, me trouva charmante; enfin, jusqu'à la vieille gouvernante qui avait élevé sa petite Laure, tout le monde me fit le plus touchant accueil.

On était à la veille de l'union de Mlle Laure,

et je venais ainsi compléter la riche corbeille de mariage que lui offrait son fiancé.

Inutile d'ajouter que celui-ci était le jeune cavalier que nous avons vu accompagnant ma libératrice lors de mon emplette au Palais-Royal. Il se nommait Arthur de Norza et il était vicomte; il est vrai que Mlle Laure avait 400,000 francs de dot.

J'allais donc, pour mon premier début dans le monde, servir à marquer la première minute du moment solennel où se contracte l'union de deux êtres qui se lient l'un à l'autre pour la vie, — mission bien délicate.

Déjà chaque pas que mes aiguilles faisaient sur mon cadran était pour ma jeune maîtresse, qui n'y songeait sans doute guère, autant de minutes qui se détachaient de sa vie de jeune fille, de cette belle vie de douce insouciance, de gaîté folâtre, d'innocentes illusions; de cette vie, enfin, dont mon petit cercle d'émail allait, à la prochaine aurore, marquer la dernière heure.

En effet, le lendemain, au moment où le maire du xe arrondissement adressait à ma jeune maîtresse la demande d'obligation bien connue des mariés, je marquais la dernière minute de midi, minute décisive, où, en même temps que s'échappe le oui fatal, s'envole la liberté.

J'étais placée dans le corsage de la fiancée, qui me portait pour la première fois. De cet endroit secret je pus sentir toute son émotion, je fus comme le métronome de son cœur, dont les battements égalèrent, durant cette longue minute, le rhythme précipité de mon balancier.

Le soir, j'assistai au bal des fiançailles ; l'or et la soie étincelaient au milieu de mille flots de lumière. C'était le premier bal où j'allais; j'étais fière de pouvoir apporter ma paillette d'or à cette fête, pensant qu'elle serait comptée.

Hélas! je fus bien déçue, on ne fit nulle attention à la pauvre montre, et le moindre bijou avait le pas sur moi. L'on disait bien : la belle épingle... la belle rivière... le beau diadème, comme l'eau de ces diamants est belle, comme elle tranche bien avec l'ébène de ses cheveux... Pour montrer une belle bague on dégantait une jolie main, mais, pour me voir, personne ne demandait l'heure.

C'est là que je sentis toute l'inutilité des diamants et de la riche ciselure de ma boîte, et combien il était ridicule de nous placer, — nous pauvres montres, — au rang des bijoux de luxe.

Au bal, je ne parais rien; au contraire, l'agitation de la danse était nuisible aux fonctions de mon mécanisme, auquel le repos convenait mieux.

Cependant, si mon orgueil fut blessé de la préférence donnée aux bijoux, j'eus du moins, dans cette soirée, le dédommagement de voir que je n'étais pas aussi insignifiante pour ma jeune maîtresse qu'on pouvait le supposer.

Bien des fois, dans l'intervalle des derniers quadrilles, je sentis la main de ma fiancée me tirer négligemment de son corsage soyeux pour interroger d'un regard furtif l'heure trop vigilante qui fuyait sur mon cadran. En effet, je marquais pour elle l'approche de ce moment à la fois de désir et d'appréhension : celui du premier tête-à-tête avec son époux.

Il était une heure de la nuit quand ce moment arriva et qu'elle se rendit dans la chambre nuptiale.

En pénétrant dans ce sanctuaire, son sein bondissait avec tant de violence, que, toute petite que j'étais, je n'eusse pu tenir longtemps la place que j'occupais dans son corsage, si, enfin, ses agrafes ne se fussent détachées.

Après quoi, je rentrai modestement dans mon écrin de la veille, où je comptai à l'écart les heures mystérieuses de cette nouvelle nuit. Nuit qui pour moi se prolongea plus que de coutume, car le lendemain on oublia la pauvre montre. — Je ne fus pas remontée, — et pendant plusieurs jours il me fallut marquer la même heure...

Depuis cette date, un an s'était écoulé; ma maîtresse avait, bien entendu, quitté les lambris paternels pour aller habiter définitivement avec son fiancé, qui possédait, rue Taitbout, un hôtel magnifique.

Il y avait donc douze mois que dans cette demeure je marquais ponctuellement chaque journée de l'existence de ce couple heureux, ne quittant jamais ma maîtresse qui, le jour, me portait presque constamment avec elle, et la nuit, me plaçait près de son chevet. En cela les montres ont cet avantage sur les autres bijoux, et, je lui rends ce témoignage, elle avait enfin contracté la bonne habitude de me remonter exactement, et me témoignait même un certain attachement qu'elle me prouvait par mille petits soins intelligents.

Comme montre, j'aime encore à me rappeler cette époque de trop courte durée pour moi, et la douce mission que j'avais alors à remplir quotidiennement.

Ma maîtresse était jeune, vive, enjouée; c'était moi qui chaque jour sonnais les heures de ses promenades, du spectacle, des bals, des soirées, enfin de tous ses plaisirs, bien que souvent je n'y participasse point.

Elle était tendre et aimante; je marquais les moments de tous ses tête-à-tête avec son jeune époux, alors si empressé, et ces heures délicieuses d'épanchement et de douces causeries.

Elle était bienfaisante et charitable; souvent mes aiguilles indiquaient l'heure de quelque visite à rendre à la mansarde du malheureux, et cette heure était toujours pour quelqu'infortuné l'heure inattendue, mais si désirée, qui mettait un terme à sa misère ou apportait un soulagement à sa douleur.

C'est ainsi que se passèrent pour moi ces douze premiers mois, sans que, pendant cette durée, j'aie eu à marquer une seule heure de tristesse, ni une minute d'ennui.

Vers cette époque, Mme de Norza mit au monde une charmante petite fille ; elle sembla si heureuse d'être devenue mère que j'eus encore là de belles minutes de bonheur à compter : minutes éphémères, car bientôt ma mission de donner l'heure allait changer et devenir bien pénible pour moi.

En effet, dès ce moment M. de Norza prit de l'ombrage; il changea entièrement vis-à-vis de sa femme, et bientôt je fus le témoin secret de certaines scènes d'intérieur qui ne tardèrent pas à révéler à ma maîtresse que M. de Norza n'avait épousé la fille du marchand de laines que pour sa dot et en vue de son patrimoine à venir.

Dès lors commença la série de ces longues heures dont chaque minute me donnait une larme à compter.

Je laisse l'âme fourbe et vénale du comte, le cœur perfide et corrompu qu'il avait caché jusqu'alors, sa passion désordonnée pour le jeu et toutes les péripéties qui en suivirent. Elles furent, pour Mlle Dumonin, le revers de l'écusson de comtesse.

Je ne parlerai pas de ces longues nuits dont il me fallait sonner les heures d'angoisses; nuits d'autant plus poignantes pour la jeune mère, que malgré ces dures épreuves, son amour pour son époux semblait avoir encore des racines profondes dans son cœur. Aussi son humeur, autrefois si enjouée, sa gaîté si naïve et si pure s'effeuillait-elle chaque jour comme une rose épanouie dont les pétales se détachent un à un aux rafales du vent.

Cependant à mesure que le temps s'écoulait ainsi dans l'hôtel Taitbout, chaque retour d'aurore apportait un jour de plus et voyait croître la petite fille de Mme de Norza. Elle atteignait sa deuxième année.

Déjà, son petit babil et ses innocentes caresses étaient pour la mère de douces et précieuses consolations qui venaient apporter quelques diversions à sa douleur et augmenter sa tendresse pour son enfant. Mais il était dit que cette même tendresse me deviendrait fatale.

En effet, elle fut la cause de mon premier malheur et celle de ma séparation avec Mme de Norza.

Voici comment :

Dans sa sollicitude maternelle, ma maîtresse avait découvert que, placée à l'oreille de sa petite fille, j'avais la précieuse vertu de calmer les cris que provoquaient ses caprices fréquents.

On usa du moyen, on en usa même souvent. Le bruit que la petite bambine entendait ainsi à son oreille, piqua de plus en plus sa curiosité; elle voulut voir la *petite bébête*, — c'est ainsi qu'elle m'appelait; — on la lui montra. On alla bientôt jusqu'à m'exposer tout à fait dans les frêles doigts de l'enfant gâté, dans lesquels il m'a fallu frémir bien des fois de crainte et de terreur, quand un beau matin je lui échappe tout à fait et tombe enfin sur le parquet. Dans ma chute mon verre resta intact, mais un pivot de mon cylindre se brisa.

La *petite bébête* était morte.

Mon écrin me servit de civière, et ordre fut donné à la femme de chambre de me porter au plus tôt chez l'horloger qui m'avait vendue.

Mais ni l'horloger ni ma maîtresse ne devaient plus me revoir.

La femme de chambre, qui reçut l'ordre, était une jeune brunette très-piquante, mais curieuse et encore plus coquette.

Dès qu'elle fut partie pour sa commission, la première chose qu'elle s'avisa en chemin fut de me retirer de mon écrin pour m'accrocher à la ceinture de sa robe, se gardant bien, l'orgueilleuse, de ne pas faire voir qu'elle avait une montre, et ne perdant aucune occasion de s'arrêter en route. Arrivée sur le boulevard des Italiens, près des bains Chinois (1), elle se réunit à un groupe de badauds,

(1) Les bains Chinois, construction très-originale et pittoresque, formaient à cette époque sur ce boulevard le coin de la rue de la Michodière. Au-dessus était un vaste bazar. On y faisait voir alors une ménagerie venant d'Afrique, et l'annonce se faisait à la porte. Le tout a été démoli depuis pour faire place aux maisons modernes qui existent aujourd'hui.

amassés devant des tréteaux de saltimbanques, pour jouir du spectacle burlesque d'une parade en plein vent, quand, au moment touchant où Paillasse reçoit le soufflet de rigueur, la main d'un adroit filou me saisit, coupa la chaîne d'or qui pouvait me retenir et m'enleva si subtilement de la ceinture de ma soubrette, que celle-ci ne s'en aperçut point. Elle riait probablement encore de la piteuse mine de Jocrisse, quand nous étions déjà loin, le voleur et moi.

Ainsi, après trois années de splendeur, me voilà, pauvre déshéritée, retombant d'un seul coup dans une vie d'aventures, d'incertitude et d'agitation.

CHAPITRE III

Les deux voleurs. — Le recel. — Le père Isaac. — Destruction de ma première boîte. — Ma nouvelle transformation. — Comment je devins une montre de Bréguet. — L'échoppe chronométrique. — L'horloger praticien.

Deux heures après ce vol, je me trouvais dans un café borgne de la Cité (1), en compagnie de deux hommes de mauvaise mine ; ils étaient dans un cabinet séparé de la salle commune, assis autour d'une table en bois recouverte d'une toile cirée, et vidant ensemble un carafon d'eau-de-vie.

— Je crois que la journée est bonne, dit celui qui m'avait volée, en me retirant de la poche de

(1) Les rues sombres et étroites de la Cité, entièrement disparues aujourd'hui, fourmillaient alors d'établissements mal famés et de bouges où se réunissaient, avec la lie du peuple, la plupart des voleurs.

son pantalon avec une poignée de vieux sous et de tabac à fumer auquel j'étais mêlée, et qu'il déposa en même temps que moi sur la table. — A ce moment, pauvre infortunée, je pensais à mon écrin de velours.

— Je n'ai pas pu couper la chaîne plus haut, dit l'autre en vidant d'un trait un verre plein d'eau-de-vie... ça me taquine.

— Ça ne fait rien, reprit le premier, vois donc les beaux cailloux... comme ça miroite... c'est du vrai!...

— Ah ça!... cette petite était donc une duchesse? murmurèrent ensemble les deux voleurs, qui, m'examinant attentivement, ouvrirent ma boîte et ma cuvette et tâtèrent lourdement avec leurs doigts l'épaisseur de mon or. Puis, s'apercevant que je ne marchais pas, l'un d'eux s'avisa de vouloir mettre mon balancier en mouvement avec la pointe de son couteau.

Peu s'en fallut à ce moment critique que ma roue de cylindre fût victime ou que je reçusse une de ces cicatrices dont les marques restent toujours. Il n'en fut rien. Il était dit que ce serait un horloger qui me ferait la première blessure. Néanmoins je frémissais d'épouvante. Jamais je n'avais été outragée de la sorte.

— C'est le père Isaac qui va faire sa lippe !... lui qui aime tant les beaux morceaux.

— Avec ça qu'il les paie bien... le vieux juif, dit celui qui m'avait tiré de sa poche.

— Que veux-tu ?... avec lui on est en sûreté... C'est encore le plus honnête de nos hommes ; au moins s'il achète pas cher, il ne vend personne.

Je vis alors que j'allais passer dans les mains d'un recèleur. En effet, après un autre colloque à peu près semblable, mes deux individus m'enveloppèrent dans le papier d'un cornet de tabac, — attention délicate qui me surprit de leur part, — et partirent me porter chez leur juif.

Il demeurait près de l'Hôtel-de-Ville, dans une vieille maison de la rue de la Vannerie (1), dont la porte, de l'allée noire, était à

(1) Cette rue très-étroite a disparu dans les démolitions ; elle faisait face à l'Hôtel-de-Ville. A sa place a été construit l'avenue Victoria.

secret. Mes deux voleurs le connaissaient. Ils l'ouvrirent, et, après avoir monté trois étages, ils frappèrent trois coups particuliers à une lourde porte qui, à ce signal, roula presque aussitôt sur ses solides gonds.

La pièce où nous entrâmes était sombre et séparée en deux par une cloison à grillage en fer, au milieu duquel était un guichet. Là, devant un bureau en bois noirci, et au milieu d'un amas confus de marchandises de toutes espèces, se tenait, assis en ce moment, un vieux sec, sale, mal peigné, à la barbe longue, aux yeux flasques, aux doigts crochus et à l'habit crasseux : c'était le père Isaac.

— Papa, dit un de mes deux quidams, en passant par le guichet le papier dans lequel j'étais enveloppée, — nous vous apportons du nanan...

Celui-ci mit ses lunettes, déplia lentement le papier, et, après un court examen, répondit d'un air d'insouciance affectée, et en me remettant négligemment dans le papier : — quatre louis.

J'étais indignée, mes brillants seuls en valaient dix.

— Allons, le compte rond, au moins, avisa un des deux larrons : cent francs !...

Pour toute réponse, le père Isaac replia le papier pour me rendre aux vendeurs; il allait fermer son guichet, quand ceux-ci, connaissant sans doute *leur homme*, acceptèrent alors les quatre-vingts francs et se retirèrent en maugréant le mot : vieux filou.

Aussitôt que le juif fut seul, il prit sur le bureau, devant lequel il était assis, une vieille loupe écornée, et il examina un à un chaque diamant de ma boîte, prolongeant ainsi son inspection comme un homme qui est content de son marché; puis, après quelques minutes, il me déposa devant lui, se renversa mollement sur le dossier de son fauteuil, en se frottant les mains d'un air méditatif.

— C'est fâcheux, dit-il, quelques instants après, — mais c'est plus prudent... Et il se leva, alla chercher un petit coffret en bois, renfermant divers outils, qu'il apporta sur son bureau, avec lesquels il défit mon mouvement de sa boîte.

J'eus alors l'explication de l'énigme. Le recéleur voulait me laver du péché originel en détruisant les marques trop compromettantes de mon signalement. En un instant ma cuvette fut ôtée, les diamants de ma boîte décertis, le fond enlèvé et mis en morceaux par sa cisaille meurtrière.

Le restant de mon boîtier qui n'avait aucune marque distinctive fut épargné, comme pouvant servir encore dans la transformation que cet industriel devait me faire subir, — dans le but de tirer ainsi meilleur parti de moi, qu'en me détruisant.

Là, s'arrêta donc son œuvre de destruction. Il pesa d'un œil israélite les diamants qu'il avait retirés, et mit les débris de mon fond au creuset. Quant à mon mouvement, sans s'inquiéter de la fracture qui l'empêchait de marcher, il le mit négligemment dans une petite boîte en carton imprégnée encore d'une odeur pharmaceutique, sur laquelle on lisait : *Pilules selon la formule*, et il me relégua ainsi au fond d'un tiroir encombré.

Là, je pus enfin songer à la fragilité des grandeurs d'ici-bas et aux caprices du sort qui m'avait été si fatal. C'en était fait de la riche parure dont j'avais été si vaine et si orgueilleuse, ainsi que du rang auquel j'avais tant aspiré. Après avoir captivé une comtesse, je me voyais d'un seul coup descendre à l'étage infime de ces montres vulgaires qui peuvent être en la possession du premier venu.

Au bout de six mois de séquestration, je sortis enfin de mon affreux tiroir.

Le juif avait fait rajuster à mon boîtier un autre fond d'or sans brillants et modestement guilloché. Le nom que portait ma cuvette avait disparu, et celui de Bréguet lui avait été substitué.

Sous ce nouvel affublement, je ne me reconnaissais plus, bien que tout autre que moi m'eût encore trouvée gentille. Je valais moins, — mais j'étais devenue une montre de Bréguet...

C'est ainsi, pauvres bâtardes que nous sommes, que les marchands nous baptisent à leur façon, et nous donnent tous les noms qu'ils veulent.

Quand je fus ajustée dans ma nouvelle boîte, le juif songea enfin à me remonter. Il s'aperçut que j'avais besoin de réparation et me porta, à cet effet, chez son ouvrier habituel dont je me souviendrai toujours.

C'était un individu qui avait bien sûr quitté la manique pour l'horlogerie. Il occupait aux alentours de la rue Saint-Martin une petite boutique borgne, où il travaillait en compagnie d'un autre artiste de sa façon.

Une planche étroite mal rabotée, avec deux étaux inoffensifs fixés à son rebord, leur servait d'établi. C'était un encombrement de verres à pied cassés de tous modèles, de boîtes de toutes formes, de petites fioles, de brosses, du blanc d'Espagne, du fusain, du sureau, etc., avec un outillage aussi bizarre qu'en mauvais état, au milieu duquel roulaient çà et là dans la poussière les pièces éparses de plusieurs mouvements de montres démontés et mêlés avec divers coucous de la forêt Noire.

En voyant ce pêle-mêle, je ne pus m'empêcher de penser à l'établi en chêne ciré et si bien rangé de mon ouvrier de Genève, et à celui du repasseur du Palais-Royal. Je ne pouvais croire que j'étais chez un horloger. Cependant il y avait là des montres et des pendules, et on lisait sur l'enseigne : *Tapard et Frottard*,— horlogers-praticiens.

Ce fut Tapard qui procéda à ma visite. Pour seconder sa prunelle, il prit une loupe entourée d'un gros fil-de-fer, au bout duquel était fixé un morceau de bois qu'il mit à sa bouche comme une pipe, soin bien superflu; car du premier coup de tournevis qu'il donna pour ôter mon coq, il déchira la noyure, écorcha la vis, me fit une balafre sur ma dorure, qui fut ma première cicatrice, — mais non ma dernière.

Je frémissais d'épouvante en songeant à quoi j'allais être exposée si cet homme se chargeait de ma réparation. Hélas! il en fut ainsi; le juif voulait payer peu. — Or, ceux-ci et les Tapard sont le fléau des montres.

CHAPITRE IV

Tapard et sa méthode. — Le singulier martyre qui me fut infligé sous le nom de : *Rhabillage*; ses conséquences. — Ma délivrance. — Le juif. — Mon échange. — Madame Troquenville, marchande à la toilette. — Réflexions philosophiques d'une montre au milieu des chiffons. — Ma vente faite à tant la semaine.

Pendant deux longs mois que je restai chez cet horloger malencontreux, je fus chaque jour le témoin muet des mutilations, à la fois cruelles et bizarres, que subissaient tour à tour les malheureuses montres que le sort avait amenées dans cet abattoir chronométrique.

Durant cet intervalle, je fus examinée, prise et reprise au moins dix fois par notre Tapard. D'abord à l'hésitation qu'il sembla mettre, à cause de la rare délicatesse de mon mécanisme, je crus un instant qu'il renoncerait à m'entreprendre, mais l'ignorance ne doute de rien, — le tour de mon exécution arriva. — Il en fut fait de moi comme de mes infortunées compagnes.

Je renonce, cher lecteur, à décrire les rudes épreuves que j'eus à subir de la part de ce singulier praticien du blanc d'Espagne, pour qui la râpe remplaçait le tour ; le grattoir et le marteau, la lime ; la tenaille et la brosse, tout!

Certes, la souris égarée qui rencontre la patte de l'angora, dont la griffe cruelle lui fait endurer mille morts ; l'infortuné hanneton auquel le barbare bambin casse ailes et pattes, larde le flanc d'épingles pour en faire le moulin éphémère qui le fait expirer, sont moins torturés que la montre qui tombe dans la main maladroite d'un horloger ignorant.

Au moins, leur martyre achevé, c'en est fait ; on ne demande plus à la souris de courir, ni au coléoptère de voler. Mais la pauvre montre, tant mutilée soit-elle par la main de son bourreau, on veut qu'elle marche encore après son supplice, et il faut qu'elle marche, quand même.

Moi qui, auparavant, étais un chef-d'œuvre d'exécution et la réalisation, en miniature, du plus parfait ensemble des lois géométriques et mécaniques, je sortis de cette funeste épreuve défigurée, comme le serait une toile de Raphaël, sur laquelle un badigeonneur aurait promené son pinceau sacrilége.

Cette fois, j'étais estropiée pour toujours, sinon invalide. Mais, j'étais... *rhabillée*, — comme disent MM. les horlogers.

Enfin, je marchais. Comment?... Je n'en sais trop rien, et maître Tapard encore bien moins.

— Assurément, le grand Dieu qu'on nomme hasard pouvait bien y être pour quelque chose.

Quant à l'heure, la triste dégaîne de mon balancier tout faussé, et tournant de travers sur le cylindre boiteux dont je venais d'être affublée, attestait assez que, désormais, la mesure du temps cesserait d'être dans mes attributions.

Je faisais *tic-tac*. C'était tout ce qu'il m'était possible d'effectuer. C'était d'ailleurs, disons-le, la seule chose que maître Isaac exigeait de ses montres — et de son praticien chronométrique (1).

Dans ce triste état, je fus remise dans la boîte d'or que l'on connaît, et qui, on le sait, était le nouveau costume sous lequel le juif m'avait transfigurée, pour cacher son recel et tirer meilleur parti de moi.

L'habit, dit-on, ne fait pas le moine.

La boîte fait encore bien moins la montre.

Aussi, sous l'enveloppe en métal précieux qui masquait mes infirmités, je sentais qu'avec mes vices et mes défauts, je ressemblais à une coquette flétrie, qui n'a pour toute valeur que celle que lui donne sa modiste et son parfumeur ; en un mot, que je n'étais plus qu'une petite *patraque*.

Alors, je me rappelais mon passé plein de

(1) La plupart des brocanteurs qui, sans être horlogers, s'occupent néanmoins du commerce de l'horlogerie, n'en exigent jamais davantage des ouvriers qu'ils font travailler. Cependant, malgré de semblables résultats, il est encore un nombreux public qui, tous les jours, donne la préférence à ces industriels pour ses achats et pour ses réparations d'horlogerie : AVIS AU LECTEUR.

si doux souvenirs, et, en honnête montre, je redoutais, pour l'avenir, les déceptions fâcheuses que je causerais, par mon acquisition, aux personnes de bonne foi qui, désormais, se laisseraient prendre à mes apparences trompeuses.

Tapard venait de me mettre en boîte; j'étais encore dans sa main peu sûre, et, toute tremblante sous l'objectif fêlé de sa loupe mal assujettie à sa prunelle menaçante, lorsque mon propriétaire vint me quérir.

En entrant dans l'échoppe chronométrique, maître Isaac, me voyant achevée, tira sa tabatière d'un air de satisfaction, et se bourra le nez en dedans et en dehors, mais de telle sorte que, m'ouvrant alors pour jeter à son tour son coup d'œil contrôleur, une partie du tabac qu'il avait de trop à son nez tomba dans mon mouvement.

Je frémis de crainte.

Heureusement pour moi, la quantité était insuffisante pour me faire éternuer. — Quitte cette fois pour une petite prise, je fus enfin délivrée des mains dangereuses de mon premier bourreau.

Eh bien, l'avouerai-je ! ce vieil israélite, qui m'avait sacrifiée si aveuglément à sa rapacité sordide, et qui était la cause de mon sort, me sembla, à ce moment, un libérateur. Ce fut presqu'avec joie que je me sentis retourner en sa possession : il est vrai que le malheur, semblable à une maladie sourde, altère les sentiments de ceux qui souffrent.

Il ne me garda pas longtemps.

Le lendemain j'étais troquée, contre une pièce de toile de Hollande et trente écus espèces, à une marchande à la toilette du quartier du Temple, nommée Troquenville. Je lui fus livrée comme étant une montre exécutée, de toutes pièces, par les mains mêmes de Bréguet.

A ce sujet le juif broda, moitié français et allemand, une petite histoire sur mon origine, laquelle, bien entendu, ne ressemble nullement à celle-ci. Mais il la prouva si péremptoirement, en s'appuyant sur l'authenticité incontestable du nom gravé sur ma cuvette, que devant un tel argument, les lumières et les capacités chronométriques de la marchande à la toilette s'évanouirent totalement.

Elle fut convaincue.

Bien que je fusse pour Mme Troquenville une véritable montre de Bréguet, elle ne m'en relégua pas moins, aussitôt mon acquisition faite, dans un grand carton rempli de dentelles, rubans et autres colifichets, qu'elle remisa au milieu d'un pêle-mêle de jupons, de robes et de châles, dont l'encombrement faisait de son domicile un véritable capharnaüm.

En me sentant sous cette avalanche de hardes féminines, je me crus ensevelie pour la fin des siècles.

Loin de là, ce même carton que je prenais pour une tombe et dont le couvercle se fixait au fond par une large courroie, était, au contraire, destiné à accompagner ma revendeuse dans les fréquentes pérégrinations qu'elle faisait au domicile de sa nombreuse clientèle, composée particulièrement de ce genre de femmes qualifiées communément de l'adjectif tant soit peu élastique d'entretenues, mais qu'elle appelait alors simplement grisettes, et que, depuis, on nomma tour à tour lorettes, filles de marbre, de plâtre, et que sais-je?..

et enfin galantines et gandines, comme les appelle de nos jours si spirituellement M. Louis Lurine.

C'était donc à une de ces filles d'Ève, ayant pour culte la paresse, pour passe-temps le miroir, pour mobile le caprice, pour passion les chiffons et les gâteaux, pour principe l'argent et pour adulateurs les sots, à qui j'allais être destinée.

Assurément les heures de semblables existences ne demandent pas à être réglées par la marche rigide et ponctuelle d'un chronomètre; j'étais donc bien la montre qui pouvait convenir en cette occurence.

Malgré cela, Mme Troquenville m'exhiba en vain, pendant plusieurs semaines, sans qu'aucune de ses capricieuses clientes ne se souciât de moi.

Alors, en femme qui connaît son monde, elle comprit tout de suite que je ne prévaudrais jamais sur le moindre colifichet de son carton, tant que je ne serais que la représentation d'un objet d'utilité, et qu'en me laissant ainsi, je risquerais fort d'attendre le jugement dernier avant de trouver l'occasion d'en sortir.

Ma marchande avait raison : la frivolité seule jouit réellement des faveurs du monde, à elle les hommages, l'encens ; pour elle, l'or.

Aux productions utiles : le dédain et la parcimonie.— Il semblerait même que l'abjection soit le thermomètre social sur lequel se mesure l'importance du service que l'on rend à ses semblables.

Heureusement pour moi, comme montre, j'étais assez peu utile pour espérer de n'être pas entièrement rebutée.

Seulement il me manquait un petit complément : la chaîne ! ce signe de l'esclavage antique et moderne, cette livrée, ce passe-port social, enfin cette marque du collier que porte au cou le chien gras et dodu de la fable, et qui, non-seulement lui évite le jeûne du loup, mais encore devient pour lui un certain titre à la considération du monde.

Le lendemain même j'eus mon complément.

La marchande m'attifa de la chaîne d'ordonnance. — Elle était en or, il est vrai, et de très-jolie façon.

Dès ce moment, je quittais le noir carton qui me servait de cachot pour la ceinture de

Mme Troquenville, y indiquant chaque jour de mon mieux le commencement douteux de sa taille dont l'ampleur, il faut le dire, était on ne peut plus propre à servir d'étalage.

Aussi, peu de jours après, me trouva-t-elle une acheteuse parmi celles-là mêmes qui, précédemment, m'avait dédaignée.

Je laisse les détails singuliers du marché, dans lequel il entra maintes futilités pour un chiffre bien supérieur à mon prix, et qui fut conclu, je crois, à tant la semaine, ou plutôt à *tant par amant*, — comme disent ces dames.

Ce jour-là, pour la première fois depuis ma sortie des mains de Tapard, le carré d'une clef de montre se posa sur l'axe de mon grand ressort.

Au contact du froid de son acier, je sentis comme une étincelle électrique parcourir chaque molécule de mon mécanisme. J'eus le frisson comme l'aurait un blessé, réveillé tout à coup du profond sommeil qui endort ses douleurs, et auquel on crierait : marche !

En ce moment la conscience de mes blessures me revint. Je fis un effort, — je prenais domicile rue des Martyrs.

CHAPITRE V

La rue des Martyrs. — Ma nouvelle propriétaire. — Aglaé. — Les lorettes. — Une montre au pilori. — De l'heure par Aglaé. — Son boudoir. — Mes nouvelles attributions. — Avantages d'une montre qui ne marche pas. — Réflexions d'une montre qui n'a pas autre chose à faire.

C'était, en effet, dans cette rue montueuse, et qui me sembla être mon Calvaire, que demeurait celle qui avait fait mon acquisition.

Elle habitait le deuxième étage d'une de ces maisons élégantes, alors de construction nouvelle, c'est-à-dire un de ces petits appartements coquets, mignons, qui, par leurs dispositions particulières, avec leur luxe de glaces et surtout de portes, semblent, par destination, être réservés pour le séjour de cette oisiveté désœuvrée, caractérisant le genre de femme auquel appartenait ma nouvelle propriétaire.

Elle se nommait Aglaé. C'était une blonde

d'une vingtaine d'années, svelte, dont la taille de guêpe faisait ressortir des formes, peut-être un peu saillantes, mais adoucies par les contours les plus gracieux et sur lesquels les regards aimaient à se reposer, comme le papillon sur une fleur.

De grands yeux dont les prunelles faisaient penser aux bluets des champs ; une bouche pas trop grande, et dont le sourire moqueur laissait voir deux rangées de perles rivalisant de blancheur avec l'émail de mon cadran, en eussent certainement fait une jolie fille, sans le blanc et le carmin dont les fossettes agaçantes de ses joues trahissaient un usage beaucoup trop fréquent

Elle avait fait mon acquisition, non pour l'heure, mais comme accessoire et objet de luxe, et seulement parce que j'avais le mérite de motiver la parure d'une chaîne dont les anneaux d'or, enlaçant les contours de son cou de cygne, avaient ainsi l'avantage d'attirer innocemment les regards sur des épaules — que la coquette avait bien garde de cacher.

A ce prix je pouvais donc encore m'attendre à être de sa part l'objet de quelque sollicitude.

Hélas ! je me trompais.

Dès le premier jour que je fus en la possession de Mlle Aglaé, j'eus un aperçu du triste rôle que j'aurais à jouer dans le monde des lorettes. L'arrivée de trois de ses amies qui, ce jour-là, vinrent simultanément lui rendre visite, m'en donna un échantillon.

— Ma toute-belle, dit l'une d'elles en entrant, nous venons te présenter nos *références* distinguées et amicales.

Trois mains d'albâtre se tendirent à la fois et vinrent se placer dans les deux que pouvait seulement leur offrir ma propriétaire. Deux bouches mutines s'approchèrent ensemble et effleurèrent chacune une fossette des joues de mon Aglaé.

Naturellement vinrent les félicitations sur la nouvelle chaîne que ses amies lui voyaient pour la première fois, et que chacune mania tour à tour.

— Nous avons donc fait connaissance du directeur des mines de la Californie? quel luxe!...

Et alors commença le trio à mon endroit.

— Comment, très-chère... une montre! —

s'écria une grande aux yeux langoureux, nommée Paméla.

— Non, répliqua une autre, tu vois bien qu'Aglaé devient romanesque ; c'est un médaillon pour mettre les cheveux de son Arthur.

— Du tout, c'est une cassolette, riposta une autre.

— Allons donc, reprit Paméla, c'est un petit cheval à l'écurie qu'Aglaé se paie, en attendant le landeau que lui a promis le comte de Norza.

Ce nom me fit tressaillir.

— Alors elle lui servira pour donner ses ordres à son cocher futur.

— Erreur, mais toutes-belles ! Aglaé tourne à la bourgeoise, sinon au pot-au-feu. Désormais elle veut être exacte à ses rendez-vous et régler les heures de son existence.

— Et celles du lait de poule du vieux marquis catarrheux, qui s'oublie toujours trop tard ici, ajouta sournoisement l'autre.

— Mesdames, respect !... s'écria une petite brune à l'œil noir, vif et futé, surnommée Follichette, qui pendant ce colloque avait ouvert ma boîte et lu l'inscription de ma cuvette..., « c'est du Bréguet!. »

— En ce cas elle doit marquer les siècles, les cycles, les années bisextiles, les quantièmes, les lunes, — voire même celles de miel.

— Oui, tout! — excepté l'heure, répartit la première.

— Dis-nous alors celle qu'il est, Aglaé? Nous avons chacune un rendez-vous, et..... pas de montre.

Parbleu! il est midi, s'écria Follichette en tournant mon cadran du côté de l'auditoire.

C'était en effet l'heure qu'il indiquait.—Or, nous étions en juin et le soleil se couchait.— Mme Troquenville, en me remontant, avait sans doute oublié de me mettre à l'heure. — D'ailleurs savais-je ce que je marquais?

— Ce n'est pas étonnant, répliqua gaiement ma propriétaire en me retirant doucement des mains de son interlocutrice, vous l'effarouchez, cette pauvre petite.

— C'est-à-dire qu'elle bat la breloque. C'est un petit oignon.

— C'est une patraque, ajouta Paméla.

— Pardon, mesdames, elle est à *échappe-*

ment, et la mère Troquenville, qui me l'a vendue de confiance, m'a dit qu'elle était à cylindre.

— Tu as eu tort, chère amie, il fallait la prendre avec un de moins, à *cinq lindres*. Avec la différence du prix, tu nous aurais payé de l'aï et des gâteaux.

Je m'y connais, moi. Mon père était de la forêt Noire, et, vous le savez, mes chères, le plus fameux horloger du pays, — en fait de coucous. — Je propose donc, dans l'intérêt de la santé délicate de ladite montre, une pension de six mois chez ma tante.

— Bravo! Follichette a raison.

— C'est le champ de repos et le refuge des montres malades, ajouta celle-ci. Et mille autres quolibets.

Pour l'instant Aglaé préféra me donner pour refuge celui de sa ceinture.

L'arrivée d'une vieille femme, grande, longue, sèche et maigre, accoutrée de grotesques oripeaux qui n'étaient ni de son âge ni à sa taille, et qui entra en ce moment, mit fin à ce feu de file.

C'était la tireuse de cartes, — une digne

émule de Lenormand, qui venait religieusement, trois fois la semaine, interroger l'avenir sur des cartons crasseux appelés le grand jeu.

Quant au petit, ces demoiselles se le faisaient mutuellement tous les jours avec des cartes ordinaires.

Mais je laisse la bohémienne et l'avenir. Déjà à cette époque comme aujourd'hui, il ne me restait plus en partage que le passé.

En voyant le peu de cas que toutes ces joyeuses péronnelles faisaient de moi, je songeais au premier début de ma vie.

Je me rappelais l'accueil si empressé et si bienveillant que, quelques années auparavant, j'avais reçu lors de mon entrée dans la famille Dumonin. Je pensais aux soins délicats et assidus dont j'avais été l'objet de la part de ma première maîtresse. Il me semblait sentir encore la dernière vibration de mon balancier achevant, pour ma belle Laure, la dernière seconde de sa vie de jeune fille, et commençant la première minute de son existence de femme, de comtesse et de mère.

En rapprochant ce souvenir du persiflage

dont j'étais actuellement l'objet, je sentis l'avilissement dans lequel j'étais tombée.

Certes, je n'étais plus la montre d'autrefois; cependant dans d'autres mains que celles d'une Aglaé, j'eusse pu encore être mise en état de rendre quelques bons services.

Mais tombée dans les mains d'une coquette qui, craignant le stigmate du temps, ne voulait pas, disait-elle, être mystifiée par les aiguilles d'un cadran lui indiquant sans cesse de combien elle vieillissait, et qui, pour cette raison, ne remontait jamais ses pendules, — bien quelles ne marquassent point les quantièmes, — à quoi pouvais-je être utile?

Chez une semblable créature, je devenais nécessairement moins qu'une serrure ou un cadenas, qu'on ouvre et ferme avec une clef. Je devenais, comme ses horloges, un contresens chronométrique, un instrument de dupes; mon cadran un faux témoin; mes aiguilles le mensonge incarné.

Car malgré son adversion pour l'heure, la belle Aglaé avait cependant une façon d'en faire usage, et ses pendules, quoiqu'elles ne fussent jamais remontées, ne marquaient pas pour cela toujours la même heure.

A sa servante incombait la charge de la direction de leurs aiguilles, et son doigt subtil, remplaçant alors tout mécanisme, les faisait tourner à volonté suivant la consigne, — comme sa maîtresse faisait tourner ses amants suivant les circonstances.

Je devins donc un auxiliaire au service de ces subterfuges horaires.

Et certes, chaque fois que la soubrette avait mis les cadrans à une heure quelconque pour le besoin des rôles, — soit pour hâter la sortie d'un amant dans la prévision de l'arrivée d'un autre, — soit à l'arrivée de celui-ci, pour avoir le prétexte d'incriminer son retard, jouer l'inquiétude ou autre chose, si, dans un de ces cas, la fourbe Aglaé invoquait l'autorité de ses horloges, un chronomètre, arrivant de l'Observatoire, n'eût pas trouvé grâce.

Qu'était-ce, quand sa main mignonne, blanche et potelée, qui attirait les lèvres, me sortait coquettement de la taille que vous connaissez?... quelle que fut l'heure que je marquasse, les accusés regardaient tout autre chose que mon émail trompeur et mes aiguilles menteuses,—ils étaient convaincus.

Aglaé n'était-elle pas le seul astre qui réglât les heures de son boudoir? Aussi les pauvres hères s'en retournaient-ils la tête et la bourse aussi déréglées que leur montre, — mais contents.

Je ne narrerai point les intrigues qui se déroulèrent en ma présence dans le boudoir de la rue des Martyrs, petit rendez-vous de toutes sortes de turpitudes, confessional où tant de faiblesses et d'infirmités humaines venaient s'avouer tour à tour.

Ce serait répéter des banalités pour montrer l'empire que peut exercer sur les pauvres fils d'Adam une petite rouée de vingt ans, sans cœur, sans esprit même, mais qui a de jolis yeux, une jambe bien faite, et qui la fait voir.

Depuis Ève, qui n'avait pas de montre pour tromper son amant, rien n'est changé. Les hommes n'ayant plus aujourd'hui de paradis à perdre, sacrifient leur fortune et leur honneur. Si Hercule eut Omphale et Samson Dalila, les hommes de nos jours ont des Aglaé. Seulement, ceux qui aujourd'hui passent pour forts, sont les plus hypocrites. Voilà tout.

Je tairai donc comment M. de Norza, que je retrouvai dans le boudoir de la rue des Martyrs, parmi les plus assidus à fréquenter Aglaé, était celui-là même qui, quelques années auparavant, la veille de ses noces, m'avait achetée, au Palais-Royal, pour me joindre à la riche corbeille de mariage qu'il offrit à sa fiancée avec le titre de comtesse.

Je ne suis pas un romancier — ni même un bas bleu, — mais une pauvre montre ; je m'en tiens à ma simple histoire et je laisse le comte se duper à son aise, en interrogeant les heures déréglées que marquent aujourd'hui mes aiguilles quinteuses et mensongères, et qui, autrefois, sur ce même émail, avait été pour lui, en tout autre lieu, le messager vigilant et fidèle d'un tout autre temps.

CHAPITRE VI

La hausse et la baisse. — Paméla. — Le Mont-de-Piété — Le bureau du commissionnaire. — L'hôtel des Blancs-Manteaux. — Treize mois de captivité. — La salle de vente et mon adjudication à un brocanteur de la Bande noire. — Mon rachat par un horloger de province.

Mon séjour rue des Martyrs ne fut pas de longue durée. Aglaé était alors, comme elle disait en terme d'agio, tout à fait à la hausse. — Ce genre de femmes, en effet, comme les mauvaises valeurs de bourse, éprouve de grandes fluctuations ; baisse extrême ou hausse subite, et, comme celles-ci, ne sont recherchées que dans ce dernier cas. — Notre lorette étant en vogue, avait donc beaucoup d'amies avec lesquelles, il faut le dire, elle partageait assez volontiers sa bonne fortune.

L'une d'elles, Paméla, que le lecteur connaît déjà, vint un matin lui annoncer précipitamment qu'elle était sur le point de faire la conquête d'un milord anglais ou d'un prince russe, — elle ne savait pas au juste; — l'entrevue était fixée pour le jour même. — Aussi, dit-elle à Aglaé, je n'ai pas le plus petit louis : veux-tu être mon banquier?

— Combien te faut-il?

— Ce que tu voudras.

— Voilà cinq louis, dit Aglaé, nonchalamment étendue sur son divan, humant la fumée d'une cigarette; et elle lui indiqua un vide-poche placé sur la cheminée, dans lequel était cette somme ainsi que sa chaîne et moi.

— Merci, chère amie. Mais, ajouta aussitôt la rusée Paméla qui avait un autre but, — mon rendez-vous est au bois de Boulogne; il me faut prendre un remise. Prête-moi donc ta montre jusqu'à ce soir, je ferai genre et je saurai l'heure. Songe donc, ma chère : un prince russe!... ça doit être un homme exact; il faut que je le sois. — Et, sans attendre aucune réponse, elle avait déjà retiré son chapeau et passé ma chaîne à son cou.

Aglaé allait peut-être hasarder quelqu'objection. Mais il était déjà trop tard; elle fit bonne contenance et se contenta d'aspirer lentement une nouvelle bouffée de marylan.

— Allons, dit-elle, je vois qu'aujourd'hui il faut que je sois aussi ton horloger et ton bijoutier.

— N'es-tu pas toujours ma bonne amie, minauda Paméla en se mirant avec complaisance et en rajustant son chapeau. Comment me trouves-tu?

— Resplendissante; tu feras fondre toutes les glaces de la Néwa.

— A ce soir, dit enfin Paméla qui, satisfaite, serra la main à son amie et la baisa au front en s'en allant.

Dix minutes après, c'en était fait de la montre d'Aglaé.

Le rendez-vous et le prince russe était tout simplement un conte forgé par notre Paméla qui, dans le moment, était fort en baisse et réduite aux expédients pour vivre. Aussi avait-elle usé de celui-là pour s'approprier la montre et la chaîne de son amie.

Dans le quart de monde auquel appartiennent ces dames on est fort peu en délicatesse, et cette façon d'acquérir la propriété y est communément pratiquée ; — elle s'appelle tout bonnement tirer une carotte.

En quittant son amie, Paméla, au lieu de se rendre au bois de Boulogne, alla tout droit au faubourg Montmartre, dans une maison dont l'entrée était remarquablement sombre, monta au premier étage, et entra dans le bureau d'un commissionnaire au Mont-de-Piété.

C'était une grande pièce poudreuse, mal éclairée, divisée en deux parties par une séparation en bois ayant du côté réservé au public une planche à hauteur d'appui et deux grands guichets sur l'un desquels on lisait : *Engagements*, et sur l'autre : *Dégagements*.

De l'autre côté de la balustrade étaient plusieurs rayons encombrés de cartons, de paquets et de livres, et une longue table à hauteur des guichets, devant laquelle se tenaient deux ou trois commis la plume à l'oreille, cherchant à se donner un certain air de suffisance, — peu en rapport avec la modestie de l'emploi.

Au fond, à droite de la partie réservée au public, se trouvait une porte sur laquelle on lisait : *Entrée particulière*. Cette porte donnait dans une autre pièce formée de la suite de la première.

Cet endroit était réservé aux clients privilégiés, ou ordinairement, sans doute, à ceux qui voulaient dérober leur indigence ou leur gène aux regards du public. Paméla, qui était une habituée, y entra, me remit dans les mains du commissionnaire auquel elle demanda le plus possible.

Celui-ci m'ôta aussitôt ma chaîne, la toucha avec de l'eau-forte, la mit dans la balance, et annonça 85 grammes; puis ayant fait subir à l'or de ma boîte le même baptême d'acide nitrique, il l'ouvrit assez maladroitement, la tâta, fit semblant de voir mon mouvement — auquel il ne connut rien, — et enfin, offrit sur le tout, 300 francs.

Paméla les accepta et partit ayant dans sa poche *la seule reconnaissance dont elle était susceptible*.

La chaîne et moi nous fûmes mises dans une petite boîte ronde en carton, sur le couvercle de laquelle le commissionnaire colla un carré de papier indiquant son nom, le numéro d'engagement et le montant du prêt.

Scellée et numérotée de la sorte notre boîte alla en rejoindre d'autres dans une case où je passais le reste de la journée.

Ainsi s'accomplissait donc ma destinée. Cette fois j'étais engagée, au clou, accrochée, chez mon oncle, chez ma tante, en pension, que sais-je? toutes les appellations vulgaires données tour à tour à ces établissements *de piété toute philanthropique*, qui prêtent sur nantissement au modique taux de douze à quinze pour cent; — à ces docks du pauvre dont le warrant est une reconnaissance.

N'est-ce pas le rendez-vous de toutes les infortunes grandes ou petites; le banquier de tous ceux qui n'en ont pas; l'expédient de l'*adversité*, comme celui de la friponnerie?

N'est-ce pas aussi la seule ressource du malheureux qui, forcé de se séparer de ses objets les plus chers, veut se conserver l'espérance de pouvoir rentrer un jour en leur possession, — espoir, il est vrai, qu'il entretient parfois longtemps à force de sacrifices et qui, le plus souvent, vient se briser sous le maillet du crieur de la salle des ventes.

Aussi la journée entière pendant laquelle je restai dans le bureau du commissionnaire m'offrit-elle le spectacle d'un pénible contraste : celui de voir tous les nantissements disparates passer tour à tour au guichet des engagements, et trahir par leur nature le degré de gêne ou d'indigence de chaque emprunteur.

Depuis la pièce de drap du tailleur jusqu'à la lévite râpée du prolétaire, la glace de sa cheminée et le matelas de son lit; — depuis les bijoux du dandy, les dentelles de la coquette, les instruments de l'artiste et les outils de l'artisan, jusqu'aux livres du philosophe.

Je crois ressentir encore le serrement de cœur que dut éprouver ce jour-là une jeune et pauvre veuve présentant timidement au guichet, pour la deuxième fois, un mince ballot contenant ses dernières hardes; lorsque le commis, repoussant brutalement son petit paquet, lui cria d'un ton aigre : *Je vous ai déjà dit que nous ne prêtions pas sur si peu.*

— Mais, monsieur, hasarda enfin à voix basse la pauvre femme, en avançant la tête dans le guichet comme pour ne pas être entendue des assistants, c'est tout ce qui me reste, — et mon enfant a faim...

— Que nous importe!

Alors, les larmes aux yeux, elle retira de son doigt amaigri son anneau de fiancée, qu'elle baisa furtivement, et le tendit en poussant de nouveau son humble ballot, — en disant tout bas : Eh bien, ajoutez cela.

Elle eut trois francs du tout ; et on lui retint DIX CENTIMES *pour la boîte...*

Tel est donc ce lieu appelé Mont-de-Piété, ou l'égoïsme d'une fille de mauvaise foi m'avait séquestrée.

Que j'aurais voulu en cet instant appartenir à l'infortunée maîtresse de cet anneau si regretté, j'eusse servi au moins à une bonne action; j'eusse été heureuse de pouvoir soulager plus efficacement sa détresse, et alors ma captivité ne m'eût point été pénible, car j'aurais senti dans le monde un être qui m'eût aimé et qui eût pensé à moi.

A la tombée de la nuit un fourgon s'arrêta à la porte du commissionnaire. Presqu'aussitôt un homme entra dans le bureau chargé d'un grand vilain sac en grosse toile grise rempli de paquets, de boîtes et d'objets de toute nature qui furent déposés dans la pièce particulière : c'étaient les nantissements dégagés de la veille, et rapportés de l'administration sur la demande du commissionnaire.

Quelques instants après, la boîte qui me renfermait fut, à son tour, mise aussi pêle-mêle avec toutes sortes de paquets, d'instruments, de casseroles et autres objets, dans cette grande poche du Mont-de-Piété qui, nouée et ficelée comme une serpillière, fut descendue ensuite dans le fourgon, — *espèce de corbillard des défroques de l'infortune parisienne*, — lequel, après avoir achevé sa tournée de bureau en bureau, se dirigea enfin, avec *sa cargaison*, rue des Blancs-Manteaux, à l'hôtel central du Mont-de-Piété.

Là, le lendemain, chaque nantissement fut de nouveau vérifié, estimé, enregistré, numéroté, et classé, suivant sa nature, par division, — comme les malades d'un hôpital ou les détenus d'une prison.

Une feuille papier jaune, espèce de livrée indiquant mon numéro d'ordre, mon signalement, mon estimation et celle de ma chaîne, fut cette fois cousue à notre boîte, laquelle fut enfin déposée dans l'un des nombreux compartiments d'une salle de la première division, réservée aux objets en matière d'or et d'argent.

Parlerai-je des treize mois de captivité que je fis dans ce Clichy cellulaire de l'industrie, où tant de produits, créés pour l'usage journalier de la vie, pour le grand jour et la liberté, sont enfouis, séquestrés, se fanent, se frippent, passent de mode, et sont ainsi incarcérés en vertu de l'infortune de leurs propriétaires ; depuis la légère étoffe aux tendres couleurs, faite pour servir de parure à l'innocente jeune fille, jusqu'à l'instrument de l'artiste, destiné à répéter les sublimes notes des Mozart et des Boïeldieu ; depuis le couvert de famille qui convie à la fraternité, jusqu'à la ponctuelle montre, ce petit mètre vivant et portatif du temps, fait pour marcher sans trêve ni repos et qui est, là, condamné au silence, à l'immobilité !

Or, nous y étions constamment plus de deux mille montres !

— Que d'heures de perdues !

Néanmoins il s'opérait chaque jour une certaine mutation parmi les détenus de ce Mazas chronométrique; journellement l'osier libérateur, suspendu à son chanvre, descendait dans notre salle, par une trappe pratiquée à son plafond, et remontait ainsi les heureux prisonniers dont les propriétaires venaient lever l'écrou.

Que de bonnes et grosses montres d'argent je voyais partir ainsi tour à tour, et qui, cependant étaient entrées bien après moi! Celles-là, bien sûr, étaient fidèles; elles appartenaient, sans doute, à de braves travailleurs qui les payaient de retour, et qui toutes grossières qu'elles étaient les aimaient. Certes, la fidélité n'était plus mon partage, d'ailleurs l'eût-elle été? personne alors n'eût songé à moi.

Mais au Mont-de-Piété, comme ailleurs, les extrêmes se touchent. Mon abandon fut justement la cause qui empêcha mon séjour de se prolonger au delà du terme fixé pour les renouvellements, tandis qu'il y avait aussi d'autres montres que l'attachement des propriétaires y retenait depuis plusieurs années. Ce ne sont donc généralement que les montres défectueuses que l'on abandonne, et qu'on laisse vendre en ce lieu. — Je porte ce fait à la connaissance du lecteur qui pourrait être tenté de faire emplette de cette sorte d'horlogerie.

Comme j'étais de cette catégorie, aussitôt l'expiration de mon treizième mois, j'allai prendre ma place dans une grande salle, au milieu des nantissements destinés à être vendus. — Ma chaîne fut classée parmi les bijoux.

Enfin, un samedi, je fus mise à l'encan, ainsi qu'un morceau de viande à la criée, et adjugée, pour 65 francs, à un brocanteur de la Bande noire qui, à lui seul, acheta ce jour-là la plupart des montres vendues à l'hôtel des Blancs-Manteaux.

Le soir même, il revendit en bloc une grande partie des montres qu'il avait achetées à un horloger de province venu à Paris pour faire des achats.

J'étais de ce nombre.

CHAPITRE VII

Espoir et déception. — L'horloger de Falaise. — Monsieur Pivotot, sa méthode pratique et économique. — Les inspecteurs de la garantie. — Le contrôle, réflexions d'une montre à ce sujet. — Ma boîte coupée injustement. — Nouvelles angoisses. — Ma nouvelle transformation en montre d'argent. — La foire. — Le gendarme. — La cuisinière. — Tribulations que je cause à la pauvre Marie et les conséquences pour moi. — Le fils Canelle. — La première communion. — Une montre à l'école. — Mon dernier martyre. — Ma fin. — Conclusion d'une montre philosophe qui pourrait être encore, mais qui n'est plus.

Cette fois un rayon d'espoir sembla poindre pour moi. J'étais dans la main d'un horloger !

Ce fut pour moi comme est dans un gros temps, à l'entrée d'un port difficile et dangereux, l'arrivée du pilote à bord d'un navire en détresse. D'une seule manœuvre dépend souvent son salut. — De même une main habile pouvait me sauver.

Hélas! vain espoir.

J'appris bientôt que mon pilote chronométrique était de Falaise, pays renommé à juste titre pour ses chevaux, ses bonnets de coton et ses fallots, mais non, que je sache, pour ses horlogers.

En cette qualité, mon nouveau propriétaire, nommé Pivotot, jouissait cependant d'une certaine réputation dans le pays.

Il avait dans cette ville un magasin bien monté où il menait de front avec l'horlogerie et la bijouterie, la fleur artificielle, les modes et la mercerie; il arrachait les dents, et faisait même, au besoin, les accouchements, — sans diplôme bien entendu.

De plus, il appartenait à plusieurs cercles ou sociétés plus ou moins savantes, desquelles il avait obtenu différentes médailles. Il est vrai qu'il était propriétaire de bons crûs de cidre et payait largement ses cotisations. Aussi le petit journal de l'endroit, — en cela assez semblable à ceux de Paris, — lui consacrait-il parfois sa prose et son encens. Mais les journaux sont si trompés, et surtout si..... trompeurs!

En définitive, mon Bréguet de Falaise qui, comme nous l'avons vu, venait se pourvoir d'horlogerie à une source aussi douteuse que celle du Mont de-Piété, n'était autre chose, en chronométrie, que le disciple de quelques tambours retraités de la garde nationale, — un confrère de la brosse grasse.

Il avait tout bonnement réduit l'art de la pratique de l'horlogerie à sa plus simple expression : *l'astiquage.*

Il traitait une montre comme une buffleterie ou une poignée de sabre, — au blanc et à la brosse ; — il nettoyait ses trous avec des allumettes !

Méthode économique et fort ingénieuse, sans doute, mais pourtant rarement efficace. Aussi, dans bien des cas, M. Pivotot était-il obligé d'avoir recours à des ouvriers de Paris, travaillant très-humblement en chambre et usant de moyens tout différents.

Un d'eux, auquel il me montra avant de partir, ayant reconnu mon pitoyable état, lui demanda, pour me réparer : 40 francs !

Malheureusement pour moi, l'horloger de Falaise recula devant ce sacrifice. Il fallut me résigner au régime peu confortable de sa méthode qui, cependant il faut le dire, était moins dangereuse que celle de Tapard.

A peine chez lui, une circonstance imprévue faillit être la cause de ma fin et de ma complète destruction : — je n'étais pas contrôlée. Le père Isaac, par économie, en avait exempté ma boîte.

Il y avait donc à peine quelques jours que j'étais accrochée à mon mousqueton et pendue à un des vitrages du magasin de Falaise, lorsque les contrôleurs de la garantie s'y présentèrent pour faire leur visite coutumière.

Après une inspection assez minutieuse des marchandises nouvellement arrivées, ils faillirent mettre mon propriétaire en contravention, parce que je n'étais pas *poinçonnée*. Il n'en fallut pas moins que toute la considération dont jouissait M. Pivotot dans le pays, et toutes les preuves, bien évidentes, de sa bonne foi, pour l'en exempter.

Néanmoins il dut, le lendemain même, porter ma boîte au bureau de l'inspecteur, pour me faire subir cette opération. Celui-ci étant nouvellement en fonction, — et voulant sans doute faire du zèle, — déclara le titre de son or au-dessous de la tolérance, et la coupa.

Ce n'était pas juste, il était à plus de 750 millièmes. Mais M. Pivotot ne discuta point. Il en fut pour sa montre — et moi pour ma boîte.

Or, tous les horlogers, même en chambre, sont assujettis aux visites fiscales de ces messieurs; d'ailleurs, disons-le, toujours très-courtois, mais qui, sous le prétexte du contrôle des montres, n'en ont pas moins le droit de se présenter à leur domicile à toute heure et d'en inspecter tels endroits qu'il leur plaît.

Cette formalité, qui peut encore s'expliquer pour la bijouterie et l'orfévrerie comme une garantie, pour le public, du bon aloi de l'or et de l'argent, faisant la principale valeur de ces objets, me semble, à moi pauvre victime, n'avoir aucune raison d'être pour l'horlogerie.

Dans une montre, qu'est la boîte?

— Rien.

Sinon que la caisse, l'enveloppe : ce que le contenant est à son contenu, ce que le zeste ou la coquille est à un fruit. Qu'importe donc qu'elle soit d'or, d'argent ou de cuivre, pourvu que l'intérieur soit bon.

Il y a des chronomètres portatifs de 700 fr., dont les boîtes n'ont pas une valeur de 15 fr. d'argent.

Assurément, si pour les montres — et dans l'intérêt du public, — il y avait un contrôle à faire et un poinçon à mettre, ce serait sur nos mouvements — et non sur nos boîtes.

En attendant, le ciseau du fisc venait de détruire la mienne.

Pendant plusieurs jours, je ne sus ce que mon propriétaire allait faire de moi. Je pressentais ma fin. Déjà je voyais en perspective l'inexorable boîte à ferraille, cette dernière demeure qui sert de sépulture aux montres.

Je m'y résignais volontiers, car une existence comme la mienne, qui ne peut plus être utile à personne, n'est-elle pas un lourd fardeau dont on est heureux de se voir débarrasser?

M. Pivotot décida différemment de mon sort. Il envoya mon mouvement à Paris, où il lui fit refaire une nouvelle boîte, — en argent, cette fois, et contrôlée.

Il est aussi une délicatesse de laquelle je lui rends ici sincèrement justice : celle de n'avoir fait gravé aucun nom sur ma nouvelle cuvette; elle portait seulement cette indication sacramentelle : *échappement à cylindre, huit trous en rubis.*

Cette fois, il me semblait que j'étais un peu plus honnête, plus autonome, plus moi. Au moins je n'affichais plus effrontément sur mon laiton un nom mensonger. Cependant, malgré cela, je ne sais pourquoi, en revêtant cette robe blanche et virginale, je ressentis comme le frisson d'une honte secrète, semblable à celui que doit éprouver une prostituée en touchant une couronne de fleur d'oranger.

Intérieurement, je me reconnaissais indigne de prendre place au rang de montre, et incapable de pouvoir jamais marquer l'heure,—ces parcelles du temps dont est formée l'éternité.

Assurément le dernier coup de main, — pour ne pas dire de grâce, — et la potion de blanc d'Espagne, selon la formule, que me donna M. Pivotot, n'étaient pas de nature à ressusciter un Lazare tel que moi. Aussi, en remettant ma dernière pièce en place, le brave homme tremblait comme s'il eût fait un mauvais coup. — Il avait plus peur que moi.

Après un effort, je fis encore tic-tac de mon mieux. Mais cette marche forcée réveilla de nouveau toutes mes douleurs organiques, et mon anxiété sur l'avenir recommença.

Je redoutais d'avance le mécontentement de ceux qui se laisseraient reprendre à mon extérieur candide, car ma nouvelle boîte en argent, — vrai gluau chronométrique, — me donnait, certes, un petit air mignon et humble à la fois, qui ne manquait pas de séduction.

A ce moment, nous touchions à l'époque d'une des foires les plus importantes du pays : celle du 10 août. M. Pivotot y avait un des plus beaux étalages. Il me fit prendre place dans la vitrine réservée à l'horlogerie.

Justement, la première montre qu'il vendit, ce fut moi.

J'avais séduit, qui?... Je n'ose le dire :

— Un gendarme!

Un gaillard barbu et moustachu de cinq pieds six pouces, — un mètre quatre-vingt-cinq, système métrique, — nommé Ducollet, qui m'acheta soixante francs, sans marchander, les paya, comme on dit, rubis sur l'ongle.

Lorsque je fus en contact avec l'épiderme

de sa poigne nerveuse, je crus que c'en était fait de moi. Toutes les molécules de mon laiton et de mes aciers se contractèrent comme pour échapper à son occlusion qui cependant, il faut le dire, n'avait rien de redoutable.

M. Ducollet, au contraire, me prit avec toute la délicatesse dont il était susceptible, et me mit dans sa poche avec la plus grande précaution du monde.

Comment! pensais-je dans mon effroi : une montre aussi petite que moi, aussi frêle, aussi quinteuse, ayant des rats à tous moments, appartenir à un gendarme, — la ponctualité même!

Assurément, disais-je, s'il se fie à mes aiguilles, il sera sans cesse en défaut et je le ferai aller à la salle de police, — lui qui mène les autres en prison. — Alors que me fera-t-il?...

De ce côté ma frayeur était mal fondée. Les gendarmes ont le cœur très-sensible, sinon à l'endroit des montres, du moins à celui du pot-au-feu, et surtout des cuisinières. D'ailleurs, celles-ci, — personne ne l'ignore, — les paient largement de retour.

La cuisinière semble vouée, par destination sociale, au municipal ou au gendarme, — comme la nourrice et la bonne d'enfant au tourlourou.

Aussi le sensible Ducollet n'avait-il pas fait mon emplette pour son usage personnel, mais bien pour faire un présent à l'objet de sa flamme, cordon-bleu renommé des environs, belle femme d'ailleurs, et faisant honneur à sa cuisine.

Or, nous étions à la veille du 15 août, et presque toutes les cuisinières, — dans le pays de Caux, — s'appellent Marie; ce qui explique parfaitement la galanterie de notre gendarme.

Je ne parlerai pas des tristes exploits culinaires que je fis aux feux de la cuisine! — des œufs à la coque que je fis durcir! — des rôts brûlés! — des entremets manqués! que sais-je! qui pourrait énumérer les mille tablatures que je fis endurer à la pauvre Marie?

Ce que je sais, c'est que plusieurs fois elle faillit me faire aller rejoindre dans son fourneau le carbone en ignition, que je fus la cause que ses maîtres crurent que le dieu Cupidon, — en uniforme de gendarme, — lui faisait tourner la tête et ses sauces, et qu'enfin elle perdit sa place et... sa réputation.

Cependant la pauvre fille avait essayé plusieurs fois de me donner à divers *carreleurs* de montres, dont je tais ici les méfaits, et qui, bien entendu, ne firent qu'empirer mon état. Si bien que dès le jour de son renvoi, elle me relégua au fond de sa malle, afin de s'éviter une autre fois les mêmes désagréments.

Elle fit bien, et j'y serais peut-être encore aujourd'hui, ce qui aurait pu prolonger indéfiniment mon existence; mais, — heureusement pour le lecteur, — le gendarme n'est pas l'emblème de la fidélité; comme les flots et le destin, il est changeant.

Un jour vint donc où Marie elle-même, de son côté, ne voulut plus rien conserver qui lui rappelât le souvenir de l'inconstant.

Justement elle était marraine d'un sien neveu, atteignant sa douzième année, lequel était sur le point de faire sa première communion.

C'était le fils d'un estimable épicier de Pontoise, nommé Canelle, auquel son père, depuis deux ans, faisait la promesse d'une montre pour ce jour-là.

La tante profita de l'occasion; elle fit cadeau de la sienne à son filleul.

Me voilà donc tombée dans les mains d'un petit drôle de douze ans, tortu, mal planté, mal poussé, malpropre, hargneux, paresseux et bavard, ayant un menton de galoche, des yeux de taupe, un nez en pied de marmite avec une bouche menaçant d'avaler ses deux oreilles, — démesurément longues.

C'était l'idole de son père, dont il volait la cassonnade et les pruneaux; l'enfant gâté de sa mère qui le voyait plus beau qu'un chérubin, parce qu'il avait des cheveux crépus comme un caniche; petit prodige pour tous les deux, parce qu'il allait à l'école payante à raison de trois francs par mois, où il avait obtenu un premier prix, — celui de gourmandise, sans doute, — et qu'il avait mis deux années à apprendre son catéchisme, pour avoir une montre. Enfin une merveille, un phénix, — comme sont tous les enfants aux yeux aveugles de leurs père et mère.

Pour moi il fut simplement le petit bourreau auquel je dus mon coup de grâce.

Le jour de la communion arriva.

Il va sans dire que ce jour-là le sermon, l'office, l'eucharistie même, occupèrent bien moins mon drôle que sa montre avec laquelle il nargua tous ceux de ses camarades qui n'en avaient pas. Dieu sait ce que je souffris moi-même et combien de fois il me remit à l'heure.

Mais ce ne fut rien.

Le surlendemain il m'emporta à son école à l'insu de ses parents. Alors arriva l'heure de la récréation; hélas! ce fut celle de mon martyre.

Sur l'instigation du fils Canelle, une dizaine d'écoliers, dont le plus âgé n'avait pas treize ans, s'assemblèrent autour de son pupitre pour procéder à l'examen de mon mécanisme.

Ma boîte fut ouverte, bientôt les grattoirs et les canifs firent leur jeu; mon mouvement se détacha de sa boîte, et, en moins d'un quart d'heure, je n'avais plus ni spiral ni pivots à mes axes d'acier, la plupart étaient brisés ou faussés; mes roues étaient ployées, cassées ou leurs dents ébréchées, mes vis et mes ponts confondus.

Enfin, semblables à ces féroces carnassiers

qui déchirent les entrailles de leur victime pour lui dévorer le cœur, ces petits vampires ne me quittèrent pas qu'ils ne fussent parvenus à arracher de son barillet, avec mon âme et ma vie, mon grand ressort! — Ils furent contents.

Mes débris passèrent de main en main aux écoliers de la classe du fils Canelle avec lesquels celui-ci les troqua en grande partie contre du pain d'épices. Mon grand ressort échut au fils d'un des perruquiers du pays; celui-ci le donna à son père qui l'employa dans la confection de faux toupets et de tours postiches à l'usage des crânes caducs de Pontoise, et des vieilles femmes qui ont horreur de la calvitie.

— Telle fut ma fin.

Tel fut, cher lecteur, la fin prosaïque de cette montre de qualité que tu as connue d'abord si brillante, si admirée, si fière, et qui, parée d'or et de diamants, ne rêvant que palais, grandeurs et duchesses, se crut un instant destinée à devenir la dispensatrice de ces grandes heures qui marquent, règlent et décident de toute autre chose, que du sort d'une cuisinière ou d'un œuf à la coque.

Hélas! il a suffi de la main frêle et innocente d'un enfant pour briser d'un seul coup toutes ces vaniteuses espérances et causer la première chute qui devait me faire descendre l'échelle vulgaire des déceptions de la vie, d'échelon en échelon, jusqu'au degré d'abjection où je suis tombée.

Je n'eus pas même la consolation de voir mes restes rassemblés dans une même sépulture. Là, au moins, toutes mes molécules réunies eussent pu un jour, dans la même fournaise, s'embrasser de nouveau, et faire partie intégrante de la nouvelle feuille de métal qui sort du laminoir.

Et qui sait? si alors elles n'eussent pas concouru, une fois encore, à la confection d'une autre montre?

Et même, bien que mes débris aient été dispersés et livrés à tous les caprices du hasard, quel est celui qui pourrait affirmer que la montre neuve, achetée d'hier, sur le cadran de laquelle il lit l'heure en ce moment et dont il entend le faible et régulier murmure n'est pas composée de mes propres molécules, — et que je ne suis pas elle ?

Mais non !

Quand indépendamment du temps, ce grand chimiste de l'univers qui transforme tout, mes molécules organiques ont pu, dans le vaste creuset de l'industrie, se confondre encore avec les débris de mille autres machines et y faire les accouplements les plus adultérins. Ma vanité, ou la peur du néant, peut seule me faire rêver ici à un nouvel et ridicule assemblage de mes molécules pour perpétuer mon insignifiante individualité.

Aujourd'hui, l'acier des axes délicats dont j'étais si fière peut aussi bien faire partie de l'arbre puissant de la machine du colossal *Great-Eastern*, qui sillonne les flots de l'Océan, comme de la frêle aiguille dont se sert la petite fille pour habiller sa poupée ; du paratonnerre qui domine le palais des rois pour braver la foudre, comme du clou planté à la semelle du soulier éculé du plus misérable mendiant.

De même enfin, aujourd'hui, le laiton constitutif de mes organes peut aussi bien faire partie du télégraphe, dont l'étincelle électrique échange la pensée des peuples et les rapproche, comme du canon qui les divise et les fait taire.

MONSIEUR TROTTEVITE

et

MONSIEUR VABIEN

DIALOGUE SUR L'HORLOGERIE

MM. Trottevite et Vabien sont deux estimables horlogers de notre connaissance qui se sont distingués autrefois dans cette honorable carrière, par une application rare et par plusieurs inventions qui leur ont valu les encouragements de la société qui porte ce nom.

Ils comptent à peu près le même nombre de lustres, et celui de leurs chapeaux atteste le peu de cas qu'ils font de leur coiffure. Le négligé de leur mise et la coupe de leur habit, sur lequel le passage de la brosse laisse voir la corde d'un drap d'un âge très-respectable, démontre depuis combien de temps nos deux artistes savent se mettre au-dessus du préjugé de la capricieuse mode.

Sans parler de leurs collets, qui attestent encore sur leurs chefs quelques rares cheveux, ni de la paupière paresseuse de leur œil gauche, semblant, par habitude, laisser faire ses fonctions à son voisin de droite, et, à ça près du nez, tant soit peu rouge de l'un, et de l'abdomen assez prononcé de l'autre, tel est, ou peu s'en faut, le portrait de nos deux horlogers, dont l'âge remonte déjà à bon nombre de vendanges.

De plus, ce sont deux amis d'enfance. Les mêmes relations et une certaine conformité de goûts les avaient autrefois étroitement liés. — Mais... dans ce monde rien n'est éternel, pas même l'amitié! dont le lien se dénoue facilement, quand il est lâche, et se rompt brusquement, quand il est trop serré.

C'est ce qui arriva un certain jour à nos deux amis, et cela au sujet de la différence des moyens avisés par chacun d'eux pour trouver le mouvement perpétuel que, plus tard, il faut le dire en passant, ils rencontrèrent chacun, — mais, hélas! là où ils ne l'avaient point cherché : — Trottevite dans le précieux instrument de la parole que possédait sa chère moitié, et Vabien dans le même mécanisme de sa portière.

Au bout de vingt et quelques années de cette petite brouille, nos deux artistes s'étant rencontrés à Paris, sur le quai de l'Horloge, renouèrent leurs anciennes relations d'amitié. Ils se donnèrent rendez-vous chez ce dernier, dans le but louable de reprendre, comme par le passé, leurs petits entretiens sur l'horlogerie, qui faisaient jadis tous leurs délices.

Vabien est horloger plus renforcé (pour ne pas dire burgrave) que son ami qui est moins âgé de quelques solstices. Il loge depuis près d'un demi-siècle dans la rue du Cherche-Midi, 14, où il n'a jamais cessé d'habiter l'étage supérieur de cette maison.

C'est là que le ponctuel Trottevite, qui demeure rue du Cadran (1), vient néanmoins pour goûter de nouveau les douceurs de l'amitié. Il avait déjà gravi les cinq étages de son ami, et, depuis un moment, assis sur le clas-

(1) Aujourd'hui rue Saint-Sauveur.

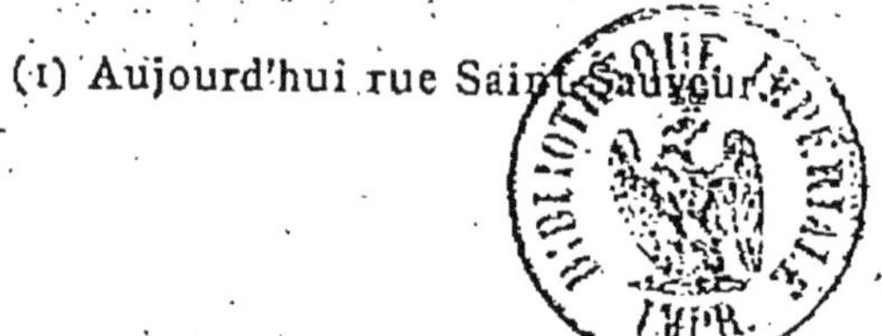

sique tabouret à trois pieds, les deux coudes posés sur l'établi, il contemplait, l'inflexible loupe à l'œil, un mouvement qu'aurait envié la prunelle des Pierre Leroy et Ferdinand Berthoud.

— Eh bien!... comment trouves-tu ça!... s'écria Vabien, qui avait cédé sa place à son ami pour l'inviter à cette petite exploration. Hein!... quels pignons!... quels engrenages!... quelle main!... on n'en fait plus comme ça!...

— C'est touché!... reprit Trottevite, en déposant, comme à regret, sur l'établi, le mouvement en question, qu'il sembla suivre encore un instant du coin de l'œil. Tu dois être heureux d'en tenir encore de semblables!...

— Heureux?... Mais je ne voudrais pas en réparer d'autres.

— Cependant, ils sont rares aujourd'hui, — ajouta Trottevite, en appuyant un peu sur cette phrase.

— Rares!... oui! parce que toi aussi, tu es comme les autres. Tu as abandonné l'art pour en faire un métier, et tu appelles ça du progrès. Moi... je suis resté fidèle à mes principes, l'horlogerie, pour moi, a toujours été un art poétique, presqu'un culte... Et je dis que condescendre à tenir dans sa main d'horloger des mouvements de montres et des pendules tels que ceux qui se font aujourd'hui, c'est renier son art, profaner la science, avilir sa dignité d'horloger pour faire concurrence à la serrurerie.

— Allons! n'exagérons pas, interrompit Trottevite, et ne t'envole pas ainsi dans les régions de l'horlogerie astronomique, prenant des airs de traître de mélodrame pour foudroyer tous ces pauvres mouvements qui, pour se cacher humblement dans le gousset du prolétaire, n'en rendent pas moins des services à l'humanité.

Car!... indépendamment des chronomètres qui règnent en souverains (quoique le temps de ceux-ci commence à se passer), il y a aussi l'horlogerie civile qui, pour être plus répandue, n'en a pas moins son importance, qu'il faut cependant reconnaître.

— Je ne reconnais qu'une chose, reprit vivement Vabien, d'abord : c'est que ce que l'on nomme horlogerie, — civile ou non, — doit servir à donner l'heure; que l'heure étant immuable, précise, conséquemment tous les instruments que l'on destine pour la mesurer, doivent être exécutés de manière à approcher de ce but autant que possible, et que, pour l'atteindre, il faut nécessairement que le raisonnement, la science, et, je le répète, l'art préside un peu à leur fabrication.

Je ne veux pas, pour cela, excommunier, comme tu dis, l'horlogerie civile, et n'admettre au rang de l'art, que l'horlogerie de haute précision; que celle dont la marche, tout à fait supérieure, demande, pour son exécution, nécessairement irréprochable, les connaissances pratiques les plus étendues et la possession des plus hautes sciences.

C'est l'apogée!...

Pour y atteindre je sais combien le chemin est rude et difficile; combien il est rempli de ronces et d'épines qui déchirent et tuent bien souvent celui qui s'y hasarde, avant même qu'il puisse cueillir un seul laurier, — surtout s'il n'est pas un peu favorisé de Plutus.

Mais si les Raphaël et les Michel-Ange sont rares, s'en suit-il, pour cela, que la pein ture ne fasse pas des progrès constants?

N'existe-t-il pas un abîme immense entre un peintre, quel qu'il soit, et l'homme qui, assis sur une planchette suspendue à une corde à nœuds, badigeonne, avec un balai, la façade d'une maison?...

Eh bien! suivant moi, il y a autant de différence entre les horlogers d'autrefois et ceux d'aujourd'hui, et entre les bonnes montres d'alors et la plupart de celles qui se font maintenant, où l'on semble vouloir faire une montre comme on fait un bonnet de coton, et la réparer comme on cire une paire de bottes,— en la brossant.

Je sais que, partisan du progrès, tu vas m'objecter que par la fabrication en grand, on est arrivé à une exécution plus facile et plus brillante.

Je répondrai oui!... plus apparente, plus flatteuse pour le coup d'œil. Mais pour l'observation scrupuleuse des principes et le résultat... non!... parce que la pensée du gain a été tout dans la fabrique, celle de l'art peu de chose. Aussi, pour quelques montres bien réussies, que font quelques rares fabricants, on en compte par milliers qui ne sont qu'un amas confus de pièces d'acier et de laiton, numérotées et adaptées tant bien que mal l'une à l'autre, sentant la douzaine et la grosse à un kilomètre de loin; n'ayant du nom qu'elles portent, qu'un cadran passable et des aiguilles de trop; de valeur, que la différence du métal et du poids de leurs boîtes, et voilà ce qu'on offre pompeusement au public comme instrument propre à régler son temps, qui est composé des moments précieux de son existence, quand il est presque dangereux à une cuisinière de s'y fier pour cuire un œuf à la coque, — la montre pouvant s'arrêter et le laisser durcir.

Voilà les services que cette espèce d'horlogerie peut rendre à la société; voilà pourquoi, dans mon indignation d'horloger, je prends, comme tu dis, des airs d'un traître de mélodrame, pour foudroyer, — ne pouvant l'anéantir, — toute cette sorte d'horlogerie, qui est un vol fait à la conscience publique.

— Je ne m'attendais pas à une sortie semblable, — dit Trottevite, après une petite pause, — et je suis entièrement d'accord sur ce point. Certes, comme toi, je sais qu'il y a un genre d'horlogerie qui ne devrait pas porter ce nom, que celle-ci justement est celle qui est la plus répandue, et dont le nombre tend à augmenter chaque jour et la qualité à diminuer, — si toutefois il est possible de tomber plus bas; — mais sont-ce les horlogers qui en sont la cause?...

— Oui!

— Ils en sont les premières victimes.

— C'est possible... mais ce sont eux qui en sont la cause principale. Car s'ils eussent eu quelque chose de tant soit peu artistique au cœur, ils n'auraient jamais dû alimenter une telle fabrication et s'en rendre, en quelque sorte, complices, en consentant à livrer eux-mêmes à la circulation une quincaillerie semblable.

Dans tous les cas, la victime, ici, c'est le public qui paie pour avoir une chose utile et serviable, et qui, avec de semblables patraques, se crée, au contraire, de nouvelles vicissitudes. Car dans le chapitre des tribulations humaines, une mauvaise montre n'y joue pas le moindre rôle.

— Si le public, dont tu prends la défense, est victime ici, répondit vivement Trottevite, c'est lui-même qui a été son bourreau. Car s'il s'était toujours adressé directement aux horlogers, à ceux-là mêmes qui le sont réellement et qui travaillent de leurs propres mains, il n'eût jamais eu que de bonnes pièces, j'en suis sûr. Alors cet art ne serait pas devenu la proie d'une foule d'individus, n'ayant souvent pour guide que l'ignorance ou l'appât du gain; pour science que celle des écus, et qui, grands ou petits, profitant de cet aveuglement du public, pour satisfaire leur mercantilisme, ont réduit aujourd'hui l'horlogerie au niveau du plus infime métier.

— Très-bien. Mais pourquoi les horlogers les ont-ils imités?... Pourquoi ne se sont-ils pas attachés à ne vendre que des montres parfaites?... Pourquoi enfin ont-ils favorisé le commerce de ces mêmes individus, en consentant à tenir dans leurs mains des serrures qui n'avaient aucune des conditions voulues pour bien donner l'heure?...

— Parce qu'un homme ne peut pas vivre de poésie et de limaille, car si l'une soutient l'âme, l'autre tuerait le corps, parce qu'il faut enfin qu'un homme mange.

— Prosaïque.

— Parce que tu ne t'adresserais pas à un pédicure pour te faire tailler les cheveux.

— Je te ressemble... je n'en ai plus.

— Alors pour te faire faire un toupet?

— Sans doute.

— Eh bien! pour l'horlogerie, il est un certain public qui fait tout le contraire... Il ne va pas chez le chapelier acheter sa chaussure, chez le marchand d'encre son lait, chez le porteur d'eau son vin, ni aux pompes funèbres pour se marier... Mais pour acheter sa montre ou sa pendule, il va chez un bijoutier, un libraire, un opticien, un tapissier, un ébéniste, un brocanteur, un marchand d'habits, un marchand de ferraille, un marchand de poterie; il irait même, je crois, jusque chez un marchand de chevaux.

Il va dans les foires, dans les bazars, au coin des rues, sous les portes cochères et sur les bornes; il va partout, excepté chez l'horloger.

Il s'adressera encore, pour faire réparer sa

montre, à son facteur, à son perruquier; si c'est un garde national à son tambour, plutôt qu'à un horloger.

Aussi voit-on des montres et des pendules en étalage partout. Là, avec des pelles et des pincettes; ici, avec des timbales, des poivrières, des plats et des fourchettes. Autre part, dans des vases de nuit et des cocotiers, sur des pantoufles et des bidets... ou bien... au milieu de vieux bouquins et de vieilles seringues, de bretelles, de vieilles culottes, de vieilles ferrailles et de vieilles bottes; partout enfin, excepté chez l'horloger qui seul n'en a pas, — ce qui est son signe le plus distinctif.

Voilà pourquoi et comment bien des horlogers affligés de la même prose que moi, c'est-à-dire voulant vivre, ont bien été obligés d'accepter la position que tous ces dispensateurs ont faite à l'horlogerie.

— Pauvre horlogerie! murmura Vabien.

— Dis donc, pauvre public!... car ce n'est pas tout!... après avoir acheté son horlogerie dans ces endroits, il la confond encore avec les objets les plus vulgaires. Une montre, pour lui, semble être sortie d'un moule; elle doit marquer l'heure par le seul fait qu'elle s'appelle montre. — C'est dans sa nature comme dans celle d'un griffon d'aboyer. — Et si on lui parle d'usure ou de réparation, alors il lâche le grand mot : *C'est un cheval à l'écurie.* Seulement, à celui-ci, on lui donne à manger tous les jours.

Il fait bien graisser la roue de son cabriolet tous les mois, ferrer son cheval suivant la somme de chemin qu'il a pu faire, réparer ses vêtements et son linge suivant le temps qu'il les a portés; enfin, remplir sa fontaine quand il en a puisé l'eau!... Pourtant... son cheval et son cabriolet se reposent au moins la nuit; il ne porte ses vêtements que le jour et il ne boit pas toujours de l'eau, — mais il sait que tout cela peut s'user, et sa fontaine se vider.

Pour sa montre! — ce petit mécanisme si délicat, composé de si petits rouages, faisant mille révolutions diverses, cette petite machine, resserrée dans un si petit espace, qu'on porte avec soi si négligemment dans son gousset, cette montre enfin qu'on interroge à tout moment, qui vous sert pour tout, qui marche le jour et la nuit, à laquelle on n'accorde ni paix ni trêve, qui donne par heure *dix-huit mille* coups de balancier, c'est-à-dire *quatre cent trente-deux mille* par jour ou *cent cinquante-sept millions six cent quatre-vingt mille* par an, c'est tout différent ; elle ne doit jamais s'user. Elle doit marcher indéfiniment.

Oui !... il se sert de l'heure tous les jours, il en a besoin à chaque minute. Par an, il dépense plus pour la plus infime de ses futilités que pour l'entretien de son horlogerie. C'est égal, quand celle-ci a besoin de réparation, il sera récalcitrant. C'est alors à des brosseurs enrégimentés furtivement dans le corps des horlogers, — et qui n'en ont que le pompon, — qu'il s'adressera pour (comme il dit) la faire seulement *dégraisser !* quand tout l'acquit d'un habile horloger ne serait, certes, pas de trop pour la mettre en état.

— Quelle avalanche tu déchaînes là contre le public, — hasarda doucement le sévère Vabien, qui, pendant la bordée véhémente de son interlocuteur, avait pris gravement place dans un vieux fauteuil rempaillé, pour humer mieux à l'aise une de ces bonnes prises qui font l'honneur de son nez. — S'il en est ainsi, ajouta-t-il, après une petite pose et en fermant lentement sa tabatière, dont la capacité eût fait pâlir celle de Cassandre, — je plains l'horlogerie.

— A la bonne heure!

— Oui... mais je blâme les horlogers.

— Comment!... encore?... demanda Trottevite d'un air surpris.

— Sans doute!... car en s'entendant ensemble, répondit Vabien, les horlogers eussent pu éviter l'avilissement d'un art aussi recommandable qui, je le répète, grâce au concours coupable d'hommes comme toi, n'est plus aujourd'hui qu'un infime métier que tout le monde fait ou veut faire, et que personne ne connaît.

— Je te vois arriver; tu veux en venir aux jurandes et aux maîtrises, ou tout au moins au chef-d'œuvre obligatoire d'autrefois pour l'élève qui voulait professer.

— Où serait le mal?... Les docteurs ne sont-ils pas tenus d'avoir un diplôme et de passer des examens?

— Ce qui ne les empêche pas, — repartit Trottevite, de tuer selon la formule, les charlatans de s'enrichir, et eux de végéter souvent comme beaucoup d'horlogers de grand mérite que je connais.

— Qu'importe... reprit Vabien, pour la médecine au moins; la Faculté est l'émule de l'art, le rempart de la science où vient se briser l'ignorance du charlatanisme. N'est-ce donc pas quelque chose?

Par exemple, l'école des Beaux-Arts ne met-elle pas chaque année des élèves en loge pour le concours du prix de Rome? N'est-ce donc rien pour les jeunes artistes?

Eh bien! pourquoi ce qui se fait pour la peinture et la sculpture ne pourrait-il pas se faire pour l'horlogerie?

L'art, qui a pour but la mesure du temps, la connaissance des longitudes en mer, qui est le guide des navigateurs sur tous les océans, serait-il au-dessous de celui d'assembler quelques couleurs sur une toile ou de faire promener un ciseau sur un bloc de pierre?... Non! certainement. S'il est moins en considération aujourd'hui, n'accuse que l'indiffé-

« rence honteuse de ces horlogers qui, comme toi, n'ont plus aucun sentiment artistique.

— Tu en parles à ton aise.

— A mon aise.... reprit Vabien un peu piqué. — Qui eût donc empêché, par exemple, ceux qui embrassèrent l'horlogerie, — alors qu'elle était florissante, — de s'unir entre eux pour former, au point de vue de l'art, une association sérieuse; de se grouper sans cesse autour de tous les hommes d'élite qui, pendant un siècle, ont tour à tour illustré l'horlogerie de leurs noms?

L'autorité de leur science et de leur mérite incontestable, leurs travaux, leur concours, notre union à tous, enfin l'importance de cet art aurait pu, de cette manière, attirer, en France, l'attention d'un gouvernement sur l'horlogerie. Et, certes, on eût pu alors lui imprimer une direction toute contraire à celle qu'elle a suivie; abandonnée au hasard et livrée à toutes les embûches de la spéculation mercantile qui, pour faire de l'argent, fait tout dégénérer et avilit tout.

— Ce que tu dis là est fort beau, — répondit Trottevite, — un peu vrai peut-être, si les gouvernements d'alors, mieux inspirés, avaient pris cette industrie sous leur puissante égide. Mais quant à l'influence que tu prétends qu'une société d'horlogers aurait pu exercer sur les destinées, tu t'abuses singulièrement.

D'abord celles-ci n'ont nullement fait défaut, et bien que toutes celles qui se sont formées successivement aient eues toutes pour programme l'intérêt général, elles n'ont jamais guère servi que les intérêts mesquins de quelques coteries éphémères, engendré des ridicules rivalités, et, malgré la sincérité et le dévouement de quelques-uns de leurs fondateurs, toutes ont fini par se désagréger faute de cohésion.

— Mais on eût pu former une académie d'horlogerie, interrompit Vabien.

— Ce qui n'aurait certainement rien changé à ce qui existe aujourd'hui ; seulement on compterait un hôpital de plus pour les vanités malades, — voilà tout. — Car les académies particulières, comme la plupart des sociétés, dites savantes, ne sont pas autre chose.

— Pessimiste et septique que tu es, s'écria Vabien, en frappant sur le bras de son fauteuil, — tu ne crois donc plus à rien du tout.

— Si, je crois que chez toi le sentiment artistique est trop vif. Il t'égare la raison.

— Toi, tu raisonnes comme une pièce de cinq francs.

— Non, je suis de mon siècle, voilà tout. Je marche avec lui, — riposta aussitôt Trottevite, — je vois les choses au daguerréotype de la vérité, tu les vois au microscope de l'imagination. Voilà entre nous la seule différence. Et cela, ajouta-t-il, je le conçois de ta part.

— Comment?... explique-toi au moins, demanda Vabien, d'un air froissé.

— C'est facile. Ton père était horloger fort distingué. Dès ton enfance tu rêvas horlogerie. Tes goûts étant d'accord avec sa volonté, tu embrassas cet art avec ardeur, absorbant tout ton être dans l'étude des sciences exactes. Pour toi, animer le métal, le faire obéir aux lois mécaniques pour l'assujettir à la mesure du temps et aux observations astronomiques, tel a été depuis lors ton unique passion. Voilà comment ton amour toujours croissant pour cet art a pour ainsi dire borné la sphère de ton existence à ton établi. Aussi, hors de là, es-tu resté tout à fait en arrière du siècle.

C'est pourquoi tu rejettes sans cesse sur la corporation des horlogers ce qui n'est que la conséquence logique de la marche des choses et des exigences de notre époque. Aujourd'hui, la lumière fait mal aux yeux, et toutes les académies, toutes les vérités, toute la science chronométrique du monde ne diminueraient en rien l'amour du public pour le colifichet, le clinquant, et la patraque. Enfin, il y a cinquante années que tu travailles pour l'amour de l'art, où en es-tu?... Encore obscur ouvrier à façon.

— Obscur ouvrier! murmura Vabien, jetant à ce mot un regard significatif sur Trottevite.

— Artiste, si tu veux, — reprit aussitôt celui-ci, voyant qu'il avait froissé la susceptibilité de son interlocuteur, — peu importe le mot.

— Oui, artiste, interrompit Vabien d'une

voix accentuée, — et je m'en fais gloire. Mon père l'a été toute sa vie.

— Justement... Tous les deux vous avez excellé par votre savoir et vos travaux qui ont fait la fortune et la réputation de plusieurs noms en vogue. Mais vous, qu'avez-vous obtenu?...—la fortune?... à peine peux-tu vivre.

De la gloire?... rien n'est plus obscur que le nom de Vabien.

De la renommée?... à part un ou deux individus trouvant leur compte à t'alimenter d'ouvrage difficile qu'ils ne sauraient exécuter, tu es aussi ignoré que les habitants de la lune.

— Si je ne suis pas connu du public, du moins je jouis de la considération des plus hautes sommités horlogères dont l'éclat des noms seuls m'honore, et suffit pour m'encourager et me rendre digne de leur estime. Tandis qu'avec tes doctrines, tu ne peux mériter que leur blâme.

— C'est possible... Mais d'abord, quoi que tu puisses dire de l'amour de l'art, — mon pauvre Vabien, — je ne crois pas, pour mon compte, que la satisfaction seule d'exécuter de beaux ouvrages d'horlogerie, et l'honneu de travailler humblement à l'ombre des lauriers d'une sommité chronométrique quelconque, — quel que soit son nom, — puisse être une compensation suffisante pour dédommager le travailleur.

En Turquie, un seul regard du sultan suffit, dit-on, pour combler d'honneur et de considération l'humble mortel qui le reçoit.

A la Bourse, une poignée de main de Rothschild suffit pour relever le crédit le plus compromis de celui qui la reçoit. Mais, — quelque approbateur, et même gracieux, que puisse être le sourire d'une célébrité horlogère, — je ne sache pas qu'aucune de ces mêmes marques de sollicitude, — fût-elle donnée publiquement, — puisse avoir d'autre valeur pour le pauvre diable qui la reçoit, que celle, tout au plus, de pouvoir s'en prévaloir auprès du garçon de peine de l'atelier ou de la cuisinière de la maison. — Assurément, le moindre billet de mille ferait bien mieux son affaire.

Quant aux hommes qui blâment mon insouciance pour l'art et déclament contre ceux qui m'imitent, je les connais. Au lieu de lancer leurs foudres chronométriques dont on rit et qui crèvent dans l'air comme une bulle de savon, qu'ils fassent donc d'abord, — ces grands déclamateurs, — que l'ouvrier capable et studieux puisse espérer de son labeur journalier une rémunération large et au moins en rapport avec son talent, son mérite et les sacrifices qu'il a faits.

Qu'ils fassent que les émoluments de celui qui travaille à nos plus belles machines horaires de haute précision, ne soient pas au-dessous du salaire du manœuvre qui remue la pelle dans un chantier.

Qu'ils fassent enfin que l'artiste qui, d'un peu de laiton et de carbure de fer, crée ces pièces si délicates, si hardies, si difficiles, et dont les savantes combinaisons doivent combattre jusqu'aux influences des lois physiques auxquelles la moindre molécule ne peut échapper, ne soit pas obligé d'abandonner ce travail de son goût pour chercher dans l'horlogerie de pacotille, ou le coucou de la forêt Noire, la ration de pain qui lui est nécessaire pour assurer son indépendance et l'existence de sa famille. Alors les apostasies artistiques ne seront plus à craindre. Aussi voilà pourquoi, — ajouta Trottevite, — j'ai rompu avec l'art depuis longtemps pour me fiancer avec le commerce.

— Belles fiançailles !

— Qu'importe, je m'en trouve bien. Oui! j'ai laissé Apollon pour Mercure, l'établi pour le comptoir, le tour pour la balance, c'est plus facile à manier et surtout plus lucratif.

— Qui sait, peut-être plus glorieux, — dit ironiquement Vabien.

— Tu l'as dit : oui plus glorieux, continua Trottevite, et les faits sont là : en veux-tu une preuve?... Vois nos expositions industrielles, les seules où l'horlogerie soit admise.

Elles devaient être, pour les travailleurs, l'arène où chacun d'eux pût entrer en lice, pour concourir loyalement, et avec ses propres œuvres, aux récompenses nationales.

Que sont-elles aujourd'hui? Une grande réclame, un grand bazar où chaque marchand a une succursale de sa boutique, et étale sa marchandise, marchandise qu'il n'a eu que le mérite de pouvoir acheter. Est-il riche? il en a beaucoup, elle est belle. Alors il obtient les récompenses, la gloire et la renommée; il donne à la foule son prospectus et l'adresse de son magasin. — Il a l'honneur et le profit.

L'artiste, le créateur, on ne le connaît point, les rigueurs de la nécessité l'ont exclu du concours, et il végète ignoré dans quelque grenier.

Ainsi, tu le vois, les ronces et l'oubli pour le travailleur. Pour la boutique? — non-seulement la faveur publique et la richesse, — mais la gloire, les lauriers, les médailles, les récompenses nationales, au marchand qui a donné de l'extension à son commerce, la Légion d'honneur!

— Quoi qu'il en soit et quoi que tu dises, — interrompit Vabien en se levant précipitamment, l'art des Huygens, des Harisson, des Pierre Leroy, des Ferdinand Berthoud, aura toujours des émules qui seront fiers de marcher sur leurs traces.

— Leurs traces? — répondit tranquillement Trottevite, — c'est la science, l'étude, le travail; aujourd'hui, en horlogerie, ce serait le chemin de l'hôpital.

— L'hôpital !... — s'écria Vabien en faisant une pose sur ce mot ; — Gilbert y rendit le dernier soupir, — c'est le Panthéon des poëtes... Pourquoi ne serait-ce pas celui des artistes ? Puisque ton siècle n'en a pas d'autres à offrir à l'étude, à la science, au travail, y entrer, c'est une gloire qui en vaut une autre.

Sache donc, âme mercantile et métallique, que le véritable artiste ne puise la sienne que dans sa conscience, dans le mérite de ses œuvres, et non pas à la loterie de ces récompenses officielles et de circonstance, qui souvent ne sont que de la renommée à l'encan ou presque toujours le fruit de l'intrigue... Que lui importe, à lui, l'oubli et les faveurs de la foule ignorante ? n'a-t-il pas la conscience de sa valeur et de son mérite ?

Ses œuvres, ses créations, oui, voilà ses jouissances, voilà la gloire muette à laquelle il est sensible, la seule qui parle à son cœur, à sa conscience, celle-là lui suffit : c'est la vraie !

— J'admire ton désintéressement, mon cher Vabien, et je rends une fois de plus hommage à la source pure des faciles consolations que tu donnes à l'artiste, — dit Trottevite en souriant ; mais reprit-il, pour ton âge, tu es par trop candide. Les émules de nos jours pensent différemment. Ils sont plus positifs. La conscience?... Ils mettent ça de côté, et ils laissent l'art sans profit pour la patente qui rapporte et supplée au savoir.

— A t'entendre, il faudrait biffer l'art de l'horlogerie, interrompit Vabien d'un air d'incrédulité. Dis tout de suite qu'il n'y a plus d'horlogers.

— Dieu m'en garde, répondit Trottevite, il y en a plus que jamais. Seulement de notre temps, pour faire un élève en horlogerie, il fallait huit ou dix années d'apprentissage, pendant lesquelles tout était sacrifices pour l'élève ; il devait posséder en entrant les mathématiques, les éléments de chimie et des autres sciences ; ce n'était qu'à ces conditions absolues et par un travail opiniâtre qu'on arrivait à acquérir toutes les connaissances théoriques et pratiques qui constituaient alors un horloger, — même ordinaire.

Il est vrai que dans ces temps-là le savoir

était prépondérant, et qu'un artiste horloger jouissait, à juste titre, d'une certaine considération; mais aujourd'hui qu'elle est toute dans les écus, les émules de nos jours ne visent plus qu'à celle-là.

— Ce ne sont là que des exceptions, interrompit de nouveau Vabien.

— Des exceptions?... sais-tu ce qu'on appelle aujourd'hui un horloger?... C'est un individu qui, pendant deux ou trois ans, qu'il nomme apprentissage, s'est assis machinalement devant un établi, et qui en sort sachant tenir une loupe à l'œil, ignorant tout maniement du tour et de la lime, ne connaissant que celui de la brosse; — sa chimie?... c'est la dissolution du blanc d'Espagne dans l'alcool; — ses mathématiques?... la valeur du gramme d'or et d'argent. — Il ignore ce que c'est qu'un degré de cercle. Pour lui la tangente est de l'hébreu. Le reste de son savoir et de sa science est dans ses jambes et chez le marchand de fournitures, chez lequel il court sans cesse tout chercher, tout, depuis des bouchons tout percés et tournés pour ses trous, jusqu'aux vis et aux goupilles de ses montres ; tout enfin, puisqu'il ne sait plus faire aucune pièce de ses doitgs.

J'ajouterai même, — poursuivit Trottevite, — que plus d'habileté lui serait inutile. Car aujourd'hui ce qu'on demande à un ouvrier, c'est qu'il fasse bien le nœud de sa cravate, que son habit soit d'une belle coupe, qu'il porte un faux-col et qu'il connaisse les grammes ; — c'est là le plus difficile. Quant au reste, pourvu qu'il ait les mains blanches et qu'il puisse ouvrir et fermer une montre devant le client sans la laisser tomber, et prendre au besoin une loupe, voilà tout ce qu'on lui demande. Avec cela, il ne travaillerait pas chez toi ni chez moi ; mais il est sûr d'occuper la première place dans les maisons d'horlogerie les plus en vogue de nos jours, en attendant qu'il en ouvre une, et qu'il obtienne à son tour la vogue et des médailles aux expositions.

— Tu as la bosse de l'exagération, interrompit Vabien.

— Je n'exagère pas, je dis vrai, ajouta Trottevite avec vivacité, car les horlogers de cette sorte on en fait aujourd'hui à la grosse, comme des plumes métalliques, sans compter ceux qui se font tout seuls.

— Tout seuls ? — murmura Vabien, en hochant ironiquement la tête.

— Oui, tout seuls, répliqua vivement Trottevite, car depuis l'individu qui crie dans les rues, aux coins des passages, des montres à 10 centimes avec la chaîne de 150 maillons, jusqu'au libraire qui vend des livraisons et donne pour prime au public ébahi une montre ou une pendule ne valant guère mieux que sa littérature, — mais seulement qu'il paie fort chère, — tous se disent horlogers.

— Vraiment, tu vas trop loin, — interrompit sévèrement Vabien, — comment peux-tu ravaler l'horlogerie au point de la mettre ainsi en parallèle avec des crieurs ambulants ou des marchands de papier taché d'encre, parce que ceux-ci, pour faire avaler au public de la prose en rame, y ajoutent une espèce de cuivrerie qu'il leur plaît d'appeler pendule ou montre? N'est-il pas certain que le public qui s'adresse à ces sortes d'industriels en fera bonne justice, et qu'il ne tardera pas à s'apercevoir que l'espèce d'horlogerie que ces brocanteurs lui font ainsi avaler, n'est autre chose qu'une pilule mal dorée?

— Bien dorée, au contraire, — répondit Trottevite d'un air de triomphe, — et le public ne dira pas, fût-ce même un peu tard, qu'on ne l'y prendra plus, et ce sont eux qui vendront toujours le plus de montres et de pendules.

— C'est possible, mais qu'importe, de tels gens ne seront jamais considérés, par un homme de bon sens, pour des horlogers.

— Assurément, ni par moi non plus. Mais seulement, — dit Trottevite, — le bon sens est plus rare que tu ne penses, et c'est encore un fait que je te signale, parce qu'il te prouve une fois de plus le degré d'appréciation dont le public de notre époque est capable, et qu'il te démontre ce qu'on peut attendre d'un tel juge.

Pour lui tout est denrée, une montre ou du beurre, peu lui importe la chose, et le vendeur, — c'est le poids qui le guide, — il ne connaît que ce qui se compte, se pèse ou se mesure. L'art aujourd'hui ne s'estime plus, il se vend au cent, au mètre ou au kilog. Oui, mon cher Vabien, ajouta Trottevite en terminant, voilà où est réduit de nos jours ton art des Huygens, Harisson, Pierre Leroy et Ferdinand Berthoud, etc.

— C'est égal, dit Vabien, après avoir aspiré une seconde prise et en mettant brusquement sa tabatière dans sa poche, il doit y avoir quelque chose à faire..... Et nos deux amis se séparèrent en échangeant une cordiale poignée de main.

. . . .

Pour compléter ce récit, nous devons ajouter, en fidèle narrateur, que le 22 décembre 1857, c'est-à-dire environ deux ans après le petit entretien que nous venons d'esquisser, celui qui eût passé ce jour-là, à neuf heures du matin, aux abords de l'hôpital de Bicêtre, eût rencontré un corbillard de dernière classe sortant de cet hospice, et cheminant vers le cimetière de Villejuif.

Un homme, la tête découverte, suivait silencieusement par derrière, et formait, seul, avec les deux croque-morts, tout le cortége du convoi.

C'était celui de Vabien.

L'homme qui accompagnait le corbillard, c'était Trottevite.

Seul, il était venu rendre les derniers devoirs à son vieil ami, artiste de grand mérite, délaissé et oublié de tout le monde.

Une ophtalmie, survenue par suite d'un travail trop assidu, lui avait fait perdre presqu'entièrement la vue. Ne pouvant plus travailler, il avait dû solliciter la faveur d'entrer à Bicêtre, ce qu'il avait obtenu, non sans de grandes protections, car Vabien n'avait pas encore l'âge exigé.

Quatre mois après il en sortait, comme on vient de le voir.

FIN

TABLE

CHAPITRE IV

CHAPITRE V

CHAPITRE VI

Paris. — Imp. Emile Voitelain et Cᵉ, 61, rue J.-J.-Rousseau.

PETITES TABLETTES

CHRONOLOGIQUES

À L'USAGE DE TOUT LE [illegible]

GUIDE

pour choisir, diriger [illegible]

[illegible]

SUIVI D'UN [illegible]

SUR L'ORIGINE [illegible]

www.ingramcontent.com/pod-product-compliance
Ingram Content Group UK Ltd.
Pitfield, Milton Keynes, MK11 3LW, UK
UKHW022111190726
13855UKWH00002B/787